MF0219_2

INSTALACIÓN Y CONFIGURACIÓN DE SISTEMAS OPERATIVOS

3ª Edición / 2026

MF0219_2

INSTALACIÓN Y CONFIGURACIÓN DE SISTEMAS OPERATIVOS

3ª Edición / 2026

Grupo Montepinar

 **Ra-Ma®**

La ley prohíbe
fotocopiar este libro

MF0219_2 - INSTALACIÓN Y CONFIGURACIÓN DE SISTEMAS OPERATIVOS. 3ª EDICIÓN / 2026
Código THEMA: UL Sistemas Operativos
Código BISAC: COM046000
© Grupo Montepinar
© De la edición: Ra-Ma 2026

Editado por:
RA-MA Editorial
Calle Jarama, 33, Polígono Industrial Igarsa
28860 PARACUELLOS DE JARAMA, Madrid
Teléfono: 91 658 42 80
Fax: 91 662 81 39
Correo electrónico: *info@grupoeditorialrama.com*
Internet: *www.ra-ma.es* y *www.ra-ma.com*
ISBN impreso: 979-13-88059-80-3
Depósito legal: M-7564-2026
Maquetación: Antonio García Tomé
Diseño de portada: Antonio García Tomé
Filmación e impresión: Safekat
Impreso en España en marzo de 2026

ÍNDICE

UF0852

INSTALACIÓN Y ACTUALIZACIÓN DE SISTEMAS OPERATIVOS

1

ARQUITECTURAS DE UN SISTEMA MICROINFORMÁTICO

La arquitectura de un sistema microinformático hace referencia a la forma en que se organizan y relacionan los distintos componentes que integran un ordenador. Comprender esta estructura resulta fundamental para cualquier profesional del ámbito tecnológico, ya que permite interpretar el funcionamiento del equipo, identificar posibles fallos y optimizar su rendimiento.

Un sistema microinformático no es únicamente un conjunto de piezas físicas conectadas entre sí. Se trata de una estructura diseñada para procesar información de manera eficiente, en la que cada elemento cumple una función específica dentro de un proceso coordinado. Desde la recepción de datos hasta la obtención de resultados, el sistema sigue un flujo lógico que depende de la correcta interacción entre sus componentes.

El conocimiento de la arquitectura facilita además la toma de decisiones relacionadas con la ampliación del equipo, la sustitución de componentes o la compatibilidad entre dispositivos. En entornos profesionales, esta comprensión contribuye a mejorar las tareas de mantenimiento y a reducir los tiempos de intervención ante incidencias.

1.1 ESQUEMA FUNCIONAL DE UN ORDENADOR

El esquema funcional de un ordenador representa el modo en que la información circula a través del sistema. Este flujo puede resumirse en cuatro grandes fases: entrada de datos, procesamiento, almacenamiento y salida de la información.

Cuando un usuario introduce datos mediante un teclado, un ratón u otro dispositivo, estos son enviados a la memoria del sistema. Posteriormente, la unidad central de proceso interpreta las instrucciones y ejecuta las operaciones necesarias. Finalmente, los resultados se muestran al usuario o se almacenan para su uso posterior.

Este modelo funcional se basa en la arquitectura clásica de **Von Neumann**, que establece la existencia de una memoria única para datos e instrucciones y un procesador encargado de ejecutar las operaciones. A pesar de los avances tecnológicos, este planteamiento continúa siendo la base de la mayoría de los sistemas actuales.

Comprender este esquema permite visualizar el ordenador como un sistema organizado y no como una simple acumulación de componentes.

1.2 SUBSISTEMAS

Un sistema microinformático se divide en varios subsistemas que trabajan de forma coordinada para garantizar el funcionamiento global del equipo. Cada uno de ellos desempeña un papel específico dentro del procesamiento de la información.

Entre los principales subsistemas destacan:

- Subsistema de procesamiento.
- Subsistema de memoria.
- Subsistema de entrada y salida.
- Subsistema de almacenamiento.
- Subsistema de interconexión (buses).

La integración de estos elementos permite que el ordenador funcione como un sistema coherente. Si alguno de ellos falla, el rendimiento general puede verse comprometido.

Desde una perspectiva técnica, la modularidad de estos subsistemas facilita la actualización del equipo, ya que muchos componentes pueden sustituirse sin necesidad de reemplazar el sistema completo.

1.3 LA UNIDAD CENTRAL DE PROCESO Y SUS ELEMENTOS

La unidad central de proceso (CPU) es el núcleo del sistema microinformático. Se encarga de interpretar las instrucciones de los programas y ejecutar las operaciones necesarias para procesar los datos.

Puede considerarse el "cerebro" del ordenador, ya que coordina el funcionamiento del resto de los componentes.

La CPU está formada por varios elementos internos, entre los que destacan:

Unidad de control

Dirige el flujo de datos dentro del sistema y determina qué instrucciones deben ejecutarse en cada momento.

Unidad aritmético-lógica (ALU)

Realiza operaciones matemáticas y comparaciones lógicas indispensables para el procesamiento de la información.

Registros internos

Componente del procesador (Hardware)	Función principal	Software relacionado
Unidad de Control (CU)	Interpreta instrucciones y coordina el flujo de datos.	Sistema operativo • Programas en ejecución.
ALU (Unidad Aritmético-Lógica)	Realiza operaciones matemáticas y lógicas.	Aplicaciones que requieren cálculos • Procesos del sistema.
Registros	Almacenan datos e instrucciones de forma temporal y ultrarrápida.	Datos de programas • Variables temporales • Instrucciones del sistema operativo.

Son pequeñas áreas de memoria ultrarrápida que almacenan temporalmente los datos que el procesador necesita utilizar de inmediato.

El rendimiento de la CPU depende de factores como la frecuencia de reloj, el número de núcleos o la arquitectura del procesador. En los equipos actuales es habitual encontrar procesadores multinúcleo capaces de ejecutar varias tareas simultáneamente.

1.4 MEMORIA INTERNA, TIPOS Y CARACTERÍSTICAS

La memoria interna permite almacenar temporalmente los datos y las instrucciones que el procesador necesita para trabajar. Su velocidad es muy superior a la de los sistemas de almacenamiento permanente, lo que la convierte en un elemento crítico para el rendimiento del equipo.

Los tipos principales de memoria interna son:

Memoria RAM (Random Access Memory)

Es una memoria volátil, lo que significa que su contenido se pierde cuando se apaga el ordenador. Permite el acceso rápido a los datos y facilita la ejecución de programas.

Memoria ROM (Read Only Memory)

Contiene instrucciones permanentes necesarias para el arranque del sistema. No se borra al apagar el equipo.

Memoria caché

Se sitúa entre la CPU y la RAM y almacena los datos más utilizados para acelerar el procesamiento. Cuanto mayor y más rápida sea la caché, mejor será el rendimiento del sistema.

La cantidad de memoria instalada influye directamente en la capacidad del equipo para ejecutar múltiples aplicaciones sin ralentizaciones.

1.5 UNIDADES DE ENTRADA Y SALIDA

Las unidades de entrada y salida, también conocidas como dispositivos de **E/S (Input/Output)**, constituyen el principal canal de comunicación entre el sistema microinformático y el entorno externo. Gracias a estos dispositivos, el ordenador puede recibir información, procesarla y devolver resultados comprensibles para el usuario. Sin ellos, el sistema quedaría aislado, sin posibilidad de interacción ni aprovechamiento práctico.

Desde una perspectiva funcional, los dispositivos de entrada permiten introducir datos y órdenes en el sistema, mientras que los dispositivos de salida muestran o transmiten la información procesada. Ambos tipos trabajan de forma coordinada con la unidad central de proceso y la memoria, formando parte esencial del flujo de información del equipo.

1.6 DISPOSITIVOS DE ENTRADA

Los dispositivos de entrada capturan información del exterior y la transforman en señales digitales que el ordenador puede interpretar. Su evolución ha estado marcada por la búsqueda de mayor precisión, velocidad y ergonomía.

Entre los más habituales destacan:

- **Teclado:** permite introducir texto, números y comandos. Existen variantes ergonómicas y modelos especializados para diseño o programación.

- **Ratón:** facilita la interacción gráfica mediante el movimiento del cursor. Actualmente predominan los modelos ópticos e inalámbricos.

- **Escáner:** digitaliza documentos e imágenes físicas para su almacenamiento o edición.

- **Micrófono:** convierte el sonido en información digital, imprescindible en videoconferencias y sistemas de reconocimiento de voz.

▶ **Cámara web:** permite la captura de imágenes y vídeo en tiempo real.

▶ **Pantallas táctiles:** integran entrada directa mediante el contacto con la superficie.

La tendencia actual apunta hacia interfaces más naturales, como el reconocimiento facial, los sensores biométricos o los asistentes de voz, que reducen la dependencia de los dispositivos tradicionales.

1.7 DISPOSITIVOS DE SALIDA

Los dispositivos de salida presentan al usuario el resultado del procesamiento de datos. Su calidad influye directamente en la experiencia de uso y en la eficiencia del trabajo.

Los más representativos son:

▶ **Monitor:** muestra la información visual. Factores como la resolución, el tamaño o la tecnología del panel (LED, IPS, OLED) determinan la calidad de la imagen.

▶ **Impresora:** permite obtener copias físicas de los documentos. Las impresoras láser destacan por su velocidad, mientras que las de inyección de tinta ofrecen gran calidad en imágenes.

▶ **Altavoces y auriculares:** reproducen el sonido generado por el sistema.

▶ **Proyectores:** utilizados en entornos educativos y empresariales para mostrar contenidos a gran escala.

Algunos dispositivos combinan funciones de entrada y salida, como las pantallas interactivas o los equipos multifunción (impresora–escáner), lo que demuestra la creciente integración tecnológica.

1.8 IMPORTANCIA DE LOS DISPOSITIVOS DE E/S

La elección adecuada de estos dispositivos debe considerar aspectos como la compatibilidad con el sistema operativo, la velocidad de transferencia, la calidad de la señal y la ergonomía. En entornos profesionales, una mala selección puede afectar tanto a la productividad como al confort del usuario.

Además, la correcta instalación de controladores garantiza que el sistema operativo reconozca los periféricos y permita aprovechar todas sus funcionalidades.

1.9 DISPOSITIVOS DE ALMACENAMIENTO, TIPOS Y CARACTERÍSTICAS

Los dispositivos de almacenamiento constituyen la memoria permanente del sistema microinformático. A diferencia de la memoria principal, estos dispositivos conservan la información incluso cuando el equipo se apaga, lo que permite mantener programas, documentos y configuraciones a largo plazo.

Su importancia es estratégica: sin almacenamiento no existiría persistencia de los datos, y cada sesión de trabajo comenzaría desde cero.

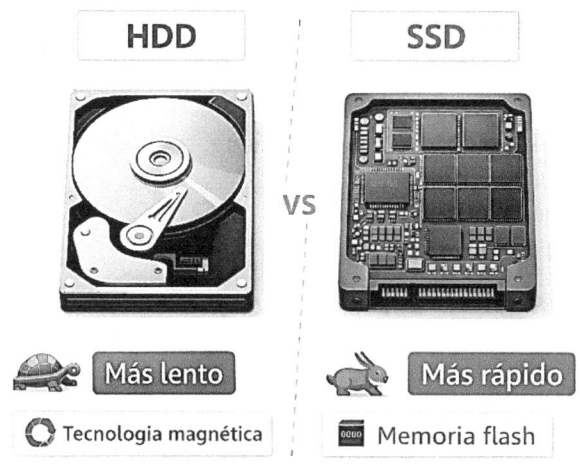

1.10 FUNCIÓN DEL ALMACENAMIENTO

El almacenamiento cumple varias funciones esenciales:

- Guardar el sistema operativo.
- Conservar aplicaciones y archivos.
- Permitir copias de seguridad.
- Facilitar el transporte de información.
- Servir como soporte para la recuperación ante fallos.

La capacidad y velocidad del sistema de almacenamiento influyen directamente en el rendimiento global del ordenador, especialmente en tareas que requieren acceso continuo a grandes volúmenes de datos.

1.11 TIPOS PRINCIPALES DE DISPOSITIVOS DE ALMACENAMIENTO

Discos duros tradicionales (HDD)

Utilizan platos magnéticos giratorios para almacenar la información. Aunque su velocidad es inferior a la de tecnologías más recientes, ofrecen gran capacidad a un coste reducido, lo que los hace adecuados para archivos voluminosos o sistemas de respaldo.

Unidades de estado sólido (SSD)

Emplean memoria flash y no poseen partes móviles. Esto se traduce en:

- Mayor velocidad de lectura y escritura.
- Menor consumo energético.
- Funcionamiento silencioso.
- Mayor resistencia a golpes.

Por estas razones, los SSD se han convertido en el estándar para equipos modernos.

Unidades NVMe

Son una evolución de los SSD que utilizan la interfaz PCIe, lo que permite velocidades muy superiores. Resultan ideales para entornos profesionales, edición multimedia o sistemas que requieren alto rendimiento.

Almacenamiento externo

Incluye discos portátiles y memorias USB. Son especialmente útiles para transportar información o realizar copias de seguridad rápidas.

Almacenamiento en red (NAS)

Permite que varios usuarios accedan a los mismos datos desde distintos dispositivos. Es habitual en empresas donde se necesita centralizar la información.

Almacenamiento en la nube

Ofrece acceso remoto a los archivos mediante Internet. Favorece el trabajo colaborativo y reduce la dependencia del hardware físico, aunque requiere una conexión estable y políticas de seguridad adecuadas.

1.12 CARACTERÍSTICAS CLAVE A CONSIDERAR

Al seleccionar un dispositivo de almacenamiento conviene analizar varios parámetros:

- **Capacidad:** determina la cantidad de información que puede guardarse.
- **Velocidad:** afecta al tiempo de arranque y a la apertura de aplicaciones.
- **Fiabilidad:** relacionada con la vida útil del dispositivo.
- **Portabilidad:** relevante cuando se necesita movilidad.
- **Coste por gigabyte:** factor decisivo en entornos corporativos.

En la práctica, muchos sistemas combinan varias tecnologías, por ejemplo, un SSD para el sistema operativo y un HDD para almacenamiento masivo.

1.13 TENDENCIAS ACTUALES

El avance tecnológico está impulsando soluciones cada vez más rápidas y seguras. La integración del almacenamiento en la nube, el uso de cifrado automático y los sistemas redundantes reflejan la creciente preocupación por la disponibilidad y protección de los datos.

Comprender los distintos tipos de almacenamiento permite diseñar sistemas equilibrados, optimizar el rendimiento del equipo y garantizar la integridad de la información, aspectos esenciales en cualquier entorno profesional.

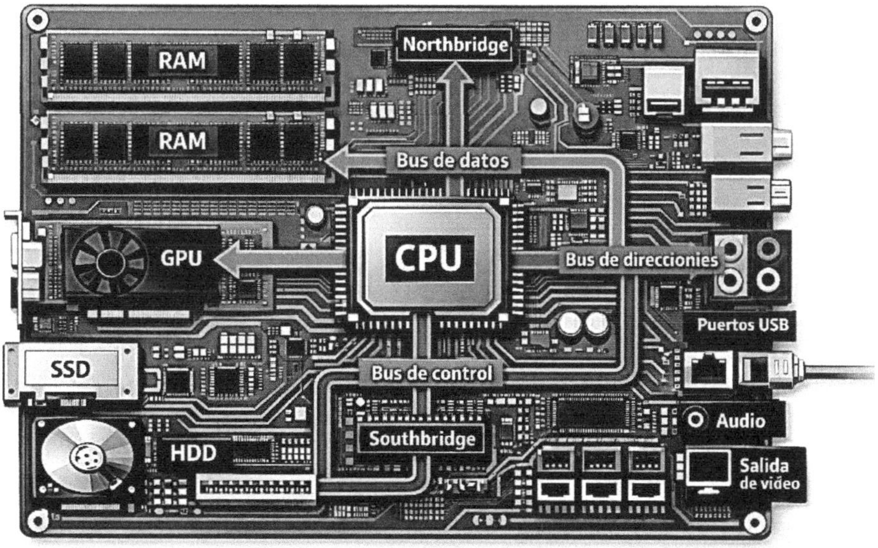

1.14 TIPOS

Existen varios tipos de buses según la información que transportan:

Bus de datos

Transfiere la información entre los componentes.

Bus de direcciones

Indica la ubicación de los datos en la memoria.

Bus de control

Coordina las operaciones del sistema mediante señales.

Cada uno cumple una función específica dentro del proceso de comunicación interna.

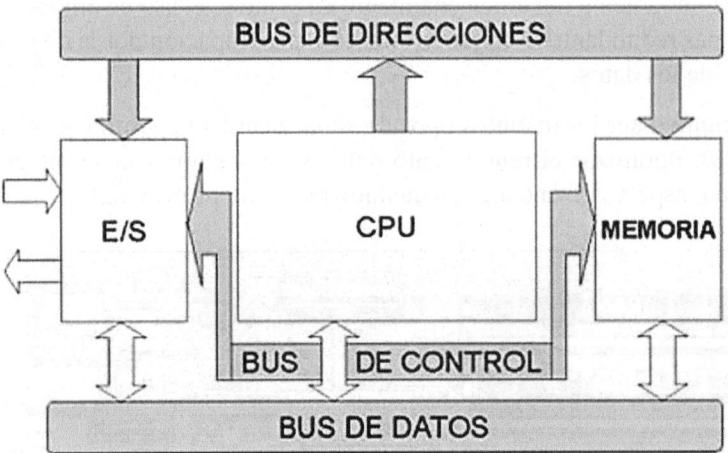

1.15 CARACTERÍSTICAS

El rendimiento de un bus depende principalmente de dos factores:

▸ **Anchura**, que determina cuántos bits. pueden transmitirse simultáneamente.

▸ **Velocidad de transmisión**, que indica la rapidez con la que circula la información.

Una mayor capacidad de transferencia se traduce en un sistema más ágil y eficiente.

Los avances tecnológicos han permitido desarrollar buses cada vez más rápidos, capaces de soportar grandes volúmenes de datos.

1.16 CORRESPONDENCIA ENTRE LOS SUBSISTEMAS FÍSICOS Y LÓGICOS

Para comprender plenamente el funcionamiento de un sistema microinformático es necesario diferenciar entre componentes físicos (hardware) y componentes lógicos (software). Ambos están estrechamente relacionados y dependen mutuamente.

El hardware proporciona la estructura material del sistema, mientras que el software aporta las instrucciones necesarias para que esa estructura funcione.

Por ejemplo:

- La CPU ejecuta las instrucciones del sistema operativo.
- La memoria almacena los programas en uso.
- Los dispositivos de almacenamiento conservan los archivos.
- Los periféricos permiten la interacción con el usuario.

Esta correspondencia demuestra que el ordenador debe entenderse como un sistema integrado en el que cada elemento, físico o lógico, contribuye al procesamiento de la información.

Hardware	Software asociado	Relación funcional
CPU (Procesador)	• Sistema operativo • Aplicaciones.	Ejecuta instrucciones del software y procesa operaciones lógicas y aritméticas.
Memoria (RAM)	• Sistema operativo • Aplicaciones • Datos en uso.	Almacena temporalmente instrucciones y datos que el software necesita para funcionar con rapidez.
Disco (HDD/SSD)	• Sistema operativo • Aplicaciones • Datos.	Guarda de forma permanente el software y los archivos; permite su carga en memoria cuando se ejecutan.

ACTIVIDADES

Actividad 1. Identificación de subsistemas en un equipo real

Objetivo: reconocer los principales subsistemas de un sistema microinformático.

Desarrollo:

1. Observa un ordenador (sobremesa o portátil).

2. Identifica los siguientes elementos:

   - CPU.
   - Memoria RAM.
   - Dispositivo de almacenamiento.
   - Periféricos de entrada.
   - Periféricos de salida.

3. Elabora una tabla indicando:

   - Nombre del componente.
   - Subsistema al que pertenece.
   - Función principal.

Resultado esperado: comprender que el ordenador funciona como un sistema integrado.

Actividad 2. Análisis del flujo de información

Objetivo: interpretar el esquema funcional de un ordenador.

Desarrollo: describe qué ocurre desde que un usuario escribe un documento hasta que lo imprime.

Debe incluir:

- Entrada de datos.
- Procesamiento.
- Almacenamiento.
- Salida.

Resultado esperado: visualizar la arquitectura como un proceso coordinado.

Actividad 3. Comparativa entre memoria RAM y almacenamiento

Objetivo: diferenciar memoria interna y almacenamiento permanente.

Desarrollo: investiga las características de la memoria RAM instalada en tu equipo y compárala con el disco principal.

Elabora una tabla que incluya:

▹ Capacidad.
▹ Velocidad aproximada.
▹ Volatilidad.
▹ Función.

Pregunta de reflexión: ¿Por qué un equipo con poca RAM puede ralentizarse aunque tenga un SSD rápido?

Actividad 4. Clasificación de dispositivos de entrada y salida

Objetivo: distinguir correctamente los periféricos según su función.

Desarrollo: clasifica los siguientes dispositivos:

▹ Teclado.
▹ Monitor.
▹ Escáner.
▹ Auriculares.
▹ Cámara web.
▹ Impresora.
▹ Pantalla táctil.

Actividad ampliada: investiga un dispositivo que combine entrada y salida y explica su funcionamiento.

Resultado esperado: comprender la importancia de la comunicación con el exterior.

Actividad 5. Diseño de un sistema microinformático equilibrado

Objetivo: aplicar criterios técnicos en la selección de componentes.

Supuesto práctico: debes configurar un ordenador para un entorno profesional donde se utilicen aplicaciones ofimáticas, videoconferencias y almacenamiento de documentos.

Selecciona:

▼ Tipo de procesador.
▼ Cantidad de RAM.
▼ Sistema de almacenamiento.
▼ Periféricos necesarios.

Justifica cada elección.

Resultado esperado: desarrollar capacidad de toma de decisiones técnicas.

PREGUNTAS TIPO TEST

1. **¿Qué describe la arquitectura de un sistema microinformático?**
   a) El diseño externo del ordenador.
   b) La organización y relación entre sus componentes.
   c) Únicamente el tipo de procesador.
   d) El sistema operativo instalado.

2. **Según el modelo de Von Neumann, ¿qué característica define a la memoria del sistema?**
   a) Está dividida en varias memorias independientes.
   b) Solo almacena datos.
   c) Es única y guarda datos e instrucciones.
   d) Solo funciona durante el arranque.

3. **¿Cuál de los siguientes elementos forma parte de la CPU?**
   a) Monitor.
   b) Unidad aritmético-lógica (ALU).
   c) Disco duro.
   d) Impresora.

4. **¿Qué tipo de memoria pierde su contenido cuando se apaga el equipo?**
   a) ROM.
   b) Caché.
   c) RAM.
   d) SSD.

5. ¿Cuál es la principal ventaja de las unidades SSD frente a los HDD?

a) Mayor tamaño físico.

b) Uso de tecnología magnética.

c) Mayor velocidad de acceso a los datos.

d) Necesitan desfragmentación constante.

RESPUESTAS

1. B.

2. C.

3. B.

4. C.

5. C.

2

FUNCIONES DEL SISTEMA OPERATIVO INFORMÁTICO

El sistema operativo es el componente fundamental que hace posible el funcionamiento de cualquier sistema microinformático. Actúa como un **intermediario inteligente** entre el hardware del equipo, las aplicaciones y el usuario, permitiendo que todos estos elementos se comuniquen de forma eficaz.

Cuando un ordenador se enciende, el sistema operativo es el primer software que se carga en la memoria principal. Desde ese momento, asume el control del equipo y coordina cada operación que se realiza: desde mostrar la interfaz gráfica hasta gestionar la ejecución de programas o controlar los dispositivos conectados.

Sin sistema operativo, el hardware carecería de utilidad práctica, ya que el usuario no podría interactuar con él ni ejecutar aplicaciones. Por ello, se considera la **pieza central de la arquitectura lógica del ordenador**.

En la actualidad, sistemas como **Windows 11**, diversas distribuciones **GNU/Linux** o **macOS** han evolucionado hacia plataformas altamente sofisticadas que integran seguridad avanzada, virtualización, conectividad permanente y automatización de tareas.

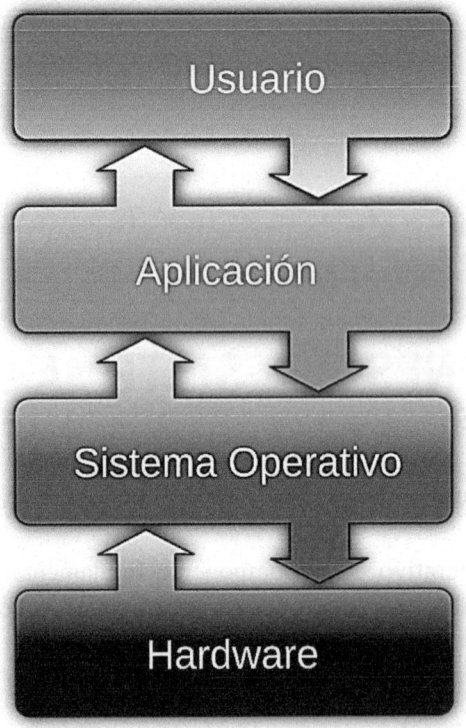

2.1 CONCEPTOS BÁSICOS

Un sistema operativo puede definirse como el **conjunto de programas responsables de controlar los recursos del ordenador y ofrecer servicios que faciliten su utilización**. Su misión principal consiste en transformar la complejidad técnica del hardware en un entorno accesible.

Entre sus funciones esenciales destacan:

- Coordinar el proceso de arranque del equipo.
- Controlar el uso del procesador.
- Administrar la memoria principal.
- Gestionar los dispositivos de entrada y salida.
- Organizar la información almacenada.
- Permitir la ejecución simultánea de programas.
- Garantizar la seguridad del sistema.

Además, el sistema operativo proporciona una **plataforma estable para el software**, evitando que cada aplicación tenga que comunicarse directamente con el hardware. Esto mejora la compatibilidad y reduce los errores.

Los sistemas modernos también incorporan:

▼ Actualizaciones automáticas.

▼ Protección frente a amenazas.

▼ Gestión de redes.

▼ Compatibilidad con servicios en la nube.

En entornos profesionales, comprender estas funciones permite optimizar el rendimiento del equipo y prevenir incidencias técnicas.

2.2 LOS PROCESOS

Un **proceso** es la representación activa de un programa en ejecución. Cada vez que el usuario abre una aplicación —por ejemplo, Microsoft Word o un navegador— el sistema operativo crea uno o varios procesos para gestionar su funcionamiento.

La administración de procesos es una de las tareas más complejas del sistema operativo, ya que debe garantizar que múltiples programas se ejecuten simultáneamente sin interferencias.

2.3 FUNCIONES PRINCIPALES EN LA GESTIÓN DE PROCESOS

▼ Creación y finalización de procesos.

▼ Asignación de tiempo de CPU.

▼ Establecimiento de prioridades.

▼ Comunicación entre procesos.

▼ Prevención de bloqueos (deadlocks).

Los sistemas operativos actuales utilizan **algoritmos de planificación** que dividen el tiempo del procesador en fracciones extremadamente pequeñas. Gracias a ello, el usuario percibe una multitarea fluida.

Una gestión ineficiente puede provocar:

▶ Lentitud general.

▶ Congelación del sistema.

▶ Consumo excesivo de memoria.

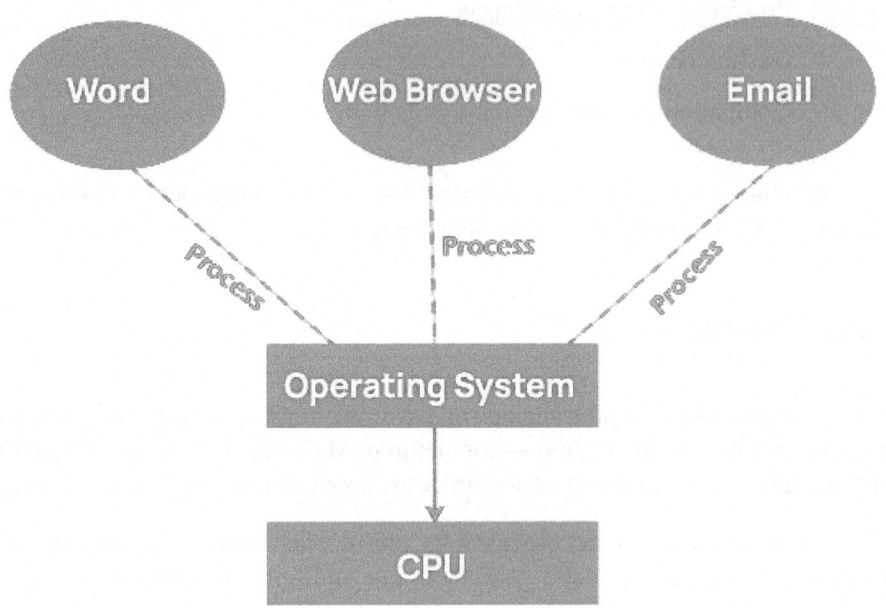

2.4 LOS ARCHIVOS

Los archivos constituyen la base de la organización de la información digital. En ellos se almacenan documentos, imágenes, programas y cualquier dato necesario para el usuario o la organización.

El sistema operativo utiliza un **sistema de archivos** para estructurar esta información, permitiendo almacenarla de forma ordenada y recuperarla con rapidez.

2.5 OPERACIONES BÁSICAS SOBRE ARCHIVOS

▶ Crear archivos nuevos.

▶ Abrir y editar contenidos.

▶ Guardar modificaciones.

▶ Copiar o mover información.

▶ Eliminar datos innecesarios.

Además, los archivos se organizan en carpetas o directorios formando estructuras jerárquicas que facilitan su localización.

Otro aspecto clave es la **gestión de permisos**, que permite controlar quién puede acceder a la información y qué acciones puede realizar.

Una organización eficiente aporta ventajas importantes:

▶ Reduce el tiempo de búsqueda.

▶ Mejora la productividad.

▶ Minimiza el riesgo de pérdida de datos.

2.6 LAS LLAMADAS AL SISTEMA

Las **llamadas al sistema** son mecanismos que permiten a las aplicaciones solicitar servicios al sistema operativo. Funcionan como un puente seguro entre el software y el hardware.

Por ejemplo, cuando un programa necesita guardar un archivo, no accede directamente al disco. En su lugar, realiza una llamada al sistema para que el sistema operativo gestione la operación.

Entre las llamadas más habituales se encuentran:

▶ Acceso a archivos.

▶ Gestión de memoria.

▶ Creación de procesos.

▶ Comunicación con dispositivos.

Este modelo aporta estabilidad, ya que evita que los programas interfieran entre sí o dañen el sistema.

2.7 EL NÚCLEO DEL SISTEMA OPERATIVO

El **núcleo**, también conocido como kernel, es la parte más importante del sistema operativo. Se encarga de las funciones críticas que permiten que el equipo funcione correctamente.

Entre sus responsabilidades principales destacan:

- ⯈ Controlar el procesador.

- ⯈ Gestionar la memoria.

- ⯈ Administrar dispositivos.

- ⯈ Coordinar procesos.

- ⯈ Garantizar la seguridad básica.

El kernel permanece activo en memoria mientras el equipo está encendido, actuando como el centro de control del sistema.

Existen diferentes tipos de núcleos:

- ⯈ **Monolíticos:** integran la mayoría de funciones en un único bloque.

- ⯈ **Microkernel:** delegan parte de los servicios para mejorar la estabilidad.

- ⯈ **Híbridos:** combinan ambos enfoques.

2.8 EL INTÉRPRETE DE COMANDOS

El intérprete de comandos es el componente que permite al usuario comunicarse con el sistema operativo mediante instrucciones.

Tradicionalmente, esta comunicación se realizaba mediante texto en una **línea de comandos**, donde el usuario debía introducir órdenes específicas.

Aunque hoy predominan las interfaces gráficas, la línea de comandos sigue siendo esencial en tareas técnicas y administrativas, ya que permite un mayor control del sistema.

Ejemplos habituales en Windows incluyen:

▼ Dir → muestra archivos.

▼ Copy → copia documentos.

▼ Ipconfig → consulta la configuración de red.

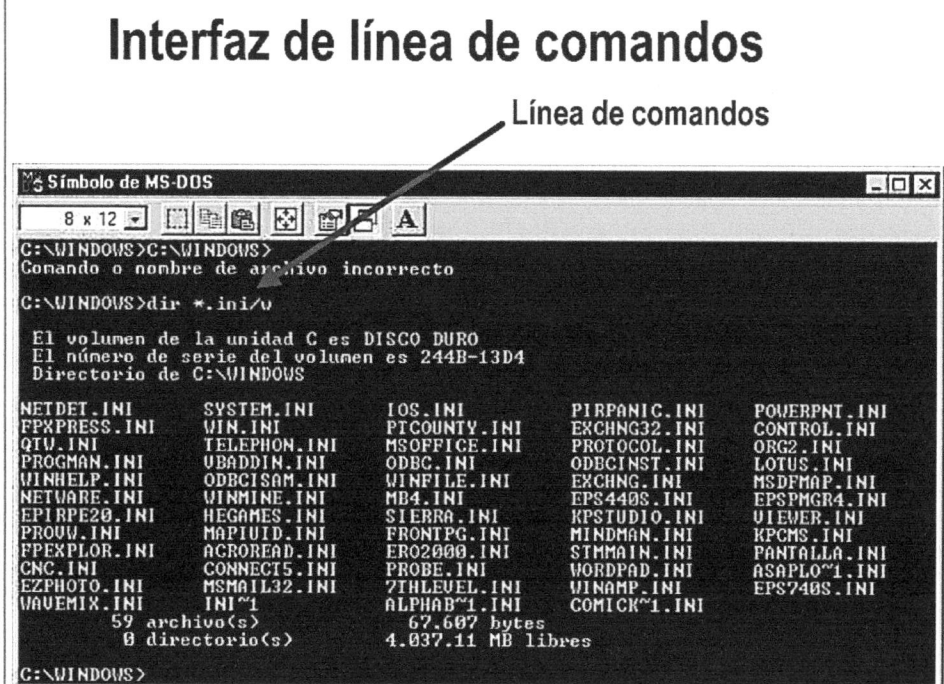

2.9 FUNCIONES GENERALES DEL SISTEMA OPERATIVO

El sistema operativo desarrolla un conjunto de funciones esenciales que garantizan la estabilidad, el rendimiento y la eficiencia de cualquier equipo informático. Estas funciones permiten que el hardware, las aplicaciones y el usuario trabajen de manera coordinada dentro de un entorno seguro.

Comprender estas funciones resulta especialmente importante en contextos profesionales, donde la continuidad del trabajo depende en gran medida del correcto funcionamiento del sistema.

2.10 GESTIÓN DE RECURSOS

La gestión de recursos consiste en administrar de forma eficiente los elementos físicos del ordenador para evitar conflictos y garantizar un rendimiento óptimo.

Entre los recursos principales que controla el sistema operativo se encuentran:

▶ Procesador.

▶ Memoria principal.

▶ Dispositivos periféricos.

▶ Unidades de almacenamiento.

Gracias a esta administración, es posible ejecutar varias aplicaciones simultáneamente sin que el sistema se vuelva inestable. El sistema operativo asigna prioridades, distribuye la carga de trabajo y supervisa el consumo de recursos.

Una gestión eficiente permite:

▶ Mejorar la velocidad del sistema.

▶ Evitar bloqueos.

▶ Reducir el desgaste del hardware.

▶ Optimizar el consumo energético.

2.11 ADMINISTRACIÓN DE ARCHIVOS

La administración de archivos garantiza que la información se almacene de manera estructurada y segura. El sistema operativo organiza los datos en carpetas y subcarpetas, creando una estructura jerárquica que facilita su localización.

Además de las operaciones básicas —crear, copiar, mover o eliminar archivos— los sistemas actuales incorporan funciones avanzadas como:

▶ Indexación para búsquedas rápidas.

▶ Compresión de archivos.

▶ Sincronización con la nube.

▶ Copias de seguridad automáticas.

▶ Recuperación de versiones anteriores.

Una organización adecuada de la información no solo mejora la productividad, sino que también reduce el riesgo de pérdida de datos.

2.12 ADMINISTRACIÓN DE TAREAS

La administración de tareas permite supervisar los programas en ejecución y controlar cómo utilizan los recursos del sistema. Esta función es clave para mantener la estabilidad del equipo, especialmente cuando se trabaja con múltiples aplicaciones.

El sistema operativo puede:

▸ Suspender procesos innecesarios.

▸ Reasignar recursos automáticamente.

▸ Finalizar aplicaciones bloqueadas.

▸ Priorizar tareas críticas.

Estas capacidades ayudan a prevenir caídas del sistema y garantizan un entorno de trabajo más fiable.

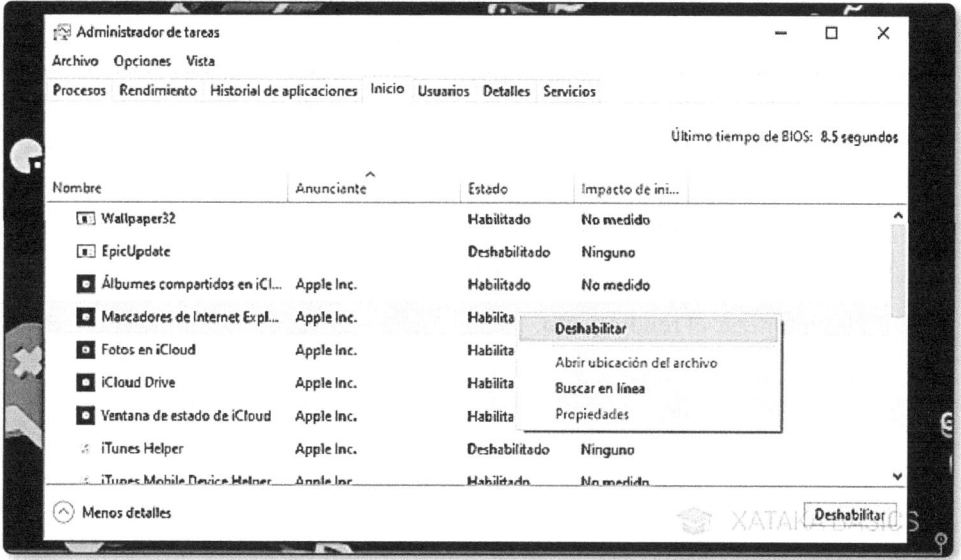

2.13 SERVICIO DE SOPORTE

Los sistemas operativos modernos integran herramientas destinadas al mantenimiento y protección del equipo. Este conjunto de utilidades recibe el nombre de servicio de soporte.

Entre las más relevantes destacan:

▸ Sistemas de ayuda integrados.

▸ Diagnóstico automático de errores.

▸ Actualizaciones periódicas.

▸ Protección frente a malware.

▸ Restauración del sistema.

Estas funciones permiten mantener el equipo actualizado, corregir vulnerabilidades y prolongar su vida útil.

2.14 IMPORTANCIA DEL SISTEMA OPERATIVO EN EL ENTORNO PROFESIONAL

El conocimiento de las funciones del sistema operativo no solo tiene valor teórico, sino también práctico. Permite comprender cómo funciona el ordenador, anticipar problemas y utilizar el equipo con mayor eficiencia.

Dominar estas funciones ayuda a:

▸ Trabajar con mayor autonomía.

▸ Detectar problemas técnicos con rapidez.

▸ Optimizar el rendimiento.

▸ Garantizar la seguridad de la información.

En organizaciones donde la tecnología es un recurso crítico, comprender el funcionamiento del sistema operativo mejora la productividad y reduce los riesgos operativos.

En definitiva, el sistema operativo constituye el **pilar fundamental del entorno informático**, y su dominio es una competencia clave dentro de la alfabetización digital actual.

ACTIVIDADES

Actividad 1. Identificación de funciones del sistema operativo

Objetivo: reconocer las funciones principales del sistema operativo en un entorno real.

Desarrollo:

1. Accede a un ordenador con Windows, Linux o macOS.

2. Identifica acciones que correspondan a estas funciones:
   - Gestión de procesos.
   - Administración de archivos.
   - Interfaz de usuario.
   - Gestión de recursos.

3. Elabora una tabla indicando:
   - Acción realizada.
   - Función del sistema operativo asociada.
   - Resultado obtenido.

Resultado esperado: comprender que el sistema operativo interviene en prácticamente todas las tareas del equipo.

Actividad 2. Observación de procesos en ejecución

Objetivo: entender el concepto de proceso y multitarea.

Desarrollo:

1. Abre el **Administrador de tareas** (Ctrl + Shift + Esc).

2. Observa cuántos procesos están activos.

3. Identifica cuáles pertenecen al sistema y cuáles a aplicaciones abiertas.

Pregunta de reflexión: ¿Por qué el sistema puede ejecutar múltiples programas sin que el usuario perciba interrupciones?

Resultado esperado: interpretar cómo el sistema operativo distribuye el tiempo de CPU.

Actividad 3. Organización eficiente de archivos

Objetivo: aplicar buenas prácticas en la administración de la información.

Desarrollo:

1. Crea una estructura de carpetas para organizar documentos personales o académicos.

2. Incluye al menos tres niveles jerárquicos.

3. Copia archivos, renómbralos y elimina aquellos innecesarios.

Resultado esperado: valorar la importancia de una estructura ordenada para mejorar la productividad.

Actividad 4. Uso básico del intérprete de comandos

Objetivo: familiarizarse con la comunicación textual con el sistema operativo.

Desarrollo:

1. Abre la consola de comandos.

2. Ejecuta las siguientes instrucciones:
   - Dir → visualizar archivos.
   - Ipconfig → consultar la configuración de red.

3. Anota qué información proporciona cada comando.

Resultado esperado: comprender que la línea de comandos ofrece mayor control del sistema.

Actividad 5. Análisis del kernel y la gestión de recursos

Objetivo: entender la importancia del núcleo del sistema operativo.

Desarrollo: investiga qué ocurre cuando el sistema se queda sin memoria disponible.

Responde:

▶ ¿Cómo actúa el sistema operativo?

▶ ¿Por qué puede ralentizarse el equipo?

▶ ¿Qué medidas ayudarían a evitar esta situación?

Resultado esperado: relacionar estabilidad del sistema con la gestión eficiente de recursos.

PREGUNTAS TIPO TEST

1. ¿Cuál es la función principal del sistema operativo?
   a) Aumentar la velocidad del procesador.
   b) Actuar como intermediario entre el hardware, las aplicaciones y el usuario.
   c) Sustituir la memoria RAM.
   d) Controlar únicamente los dispositivos de entrada.

2. ¿Qué ocurre cuando se enciende un ordenador?
   a) Se ejecuta primero el navegador.
   b) El hardware funciona sin software.
   c) El sistema operativo se carga en la memoria y toma el control del equipo.
   d) Se activa automáticamente la impresora.

3. ¿Qué es un proceso en un sistema operativo?
   a) Un archivo almacenado en el disco.
   b) Una copia de seguridad automática.
   c) La representación activa de un programa en ejecución.
   d) Un componente físico del ordenador.

4. ¿Cuál de las siguientes NO es una función de la gestión de procesos?
   a) Asignar tiempo de CPU.
   b) Establecer prioridades.
   c) Controlar la temperatura del monitor.
   d) Prevenir bloqueos.

5. ¿Qué función cumplen las llamadas al sistema?

a) Permiten que el usuario apague el ordenador.

b) Facilitan la comunicación segura entre las aplicaciones y el hardware.

c) Sustituyen al kernel.

d) Eliminan archivos automáticamente.

RESPUESTAS

1. B.

2. C.

3. C.

4. C.

5. B.

3

ELEMENTOS DE UN SISTEMA OPERATIVO INFORMÁTICO

El sistema operativo es una estructura compleja compuesta por diversos elementos que trabajan de forma coordinada para garantizar el correcto funcionamiento del ordenador. Cada uno de estos componentes cumple una función específica y resulta imprescindible para que los programas se ejecuten con estabilidad, los datos se gestionen adecuadamente y los recursos del sistema se utilicen de manera eficiente.

Desde una perspectiva técnica, estos elementos forman la base sobre la que se construye toda la experiencia informática del usuario. Aunque muchas de sus operaciones se realizan de forma invisible, su correcta integración permite que el sistema responda con rapidez, mantenga la seguridad de la información y facilite el uso de aplicaciones.

Los principales elementos que conforman un sistema operativo son la gestión de procesos, la gestión de memoria, el sistema de entrada y salida, el sistema de archivos y el sistema de protección. Comprender su funcionamiento ayuda a interpretar cómo opera un equipo informático y permite adoptar buenas prácticas en su utilización.

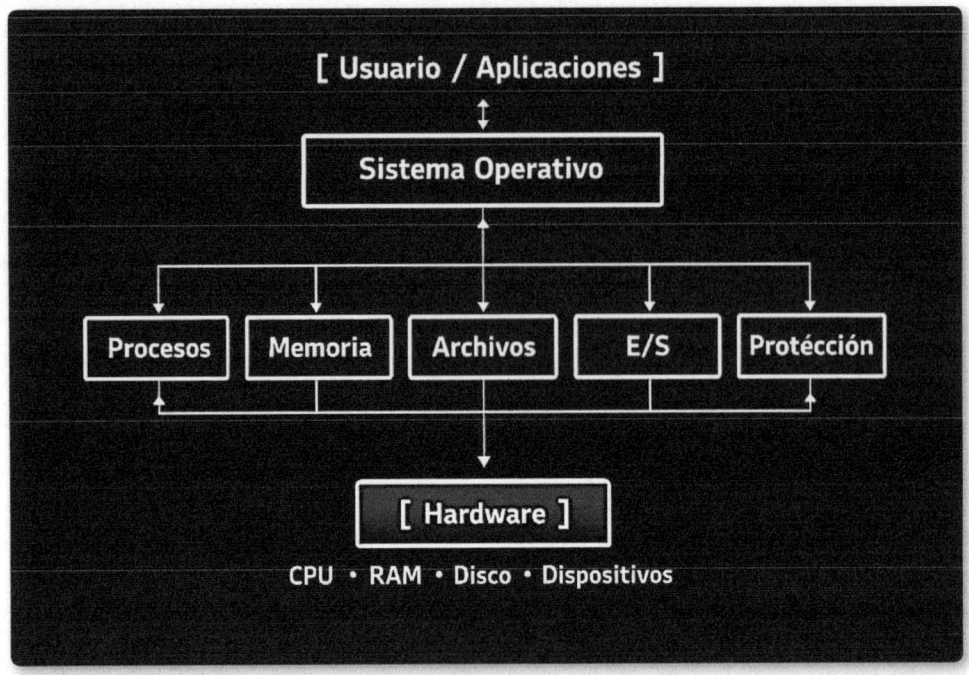

3.1 GESTIÓN DE PROCESOS

La gestión de procesos es uno de los pilares fundamentales del sistema operativo. Un proceso es un programa en ejecución que necesita recursos del sistema para funcionar, como tiempo de procesador, memoria o acceso a dispositivos.

El sistema operativo debe coordinar todos los procesos activos para evitar conflictos y garantizar que cada uno disponga de los recursos necesarios en el momento oportuno.

Entre las funciones principales de la gestión de procesos destacan:

▼ Crear y finalizar procesos.

▼ Asignar tiempo de CPU mediante algoritmos de planificación.

▼ Establecer prioridades entre tareas.

▼ Permitir la ejecución simultánea de múltiples programas.

▼ Evitar bloqueos o situaciones de espera permanente.

Los sistemas actuales utilizan técnicas de **multitarea**, que permiten ejecutar varias aplicaciones aparentemente al mismo tiempo. Esto se logra dividiendo el tiempo del procesador en intervalos muy breves y asignándolos a distintos procesos.

Además, el sistema operativo debe gestionar la comunicación entre procesos, especialmente cuando comparten información. Esta coordinación es esencial para evitar errores y pérdidas de datos.

Una gestión ineficiente puede provocar ralentizaciones, cierres inesperados de programas o incluso la inestabilidad del sistema.

3.2 GESTIÓN DE MEMORIA

La memoria principal es un recurso limitado que debe distribuirse cuidadosamente entre los procesos activos. La gestión de memoria es el mecanismo que permite asignar, controlar y liberar este recurso para optimizar el rendimiento del sistema.

Cuando un programa se ejecuta, necesita cargarse en la memoria RAM. El sistema operativo decide cuánto espacio asignar y supervisa que no interfiera con otras aplicaciones.

Entre las funciones más relevantes de la gestión de memoria se encuentran:

- Asignación dinámica de memoria a los procesos.
- Liberación del espacio cuando el programa finaliza.
- Protección de áreas de memoria para evitar accesos indebidos.
- Uso de memoria virtual para ampliar la capacidad disponible.

La **memoria virtual** es una técnica especialmente importante. Permite utilizar parte del disco duro como si fuera memoria adicional, lo que hace posible ejecutar programas que requieren más espacio del disponible físicamente. Aunque este proceso es más lento que el acceso a la RAM, resulta fundamental para mantener la operatividad del sistema.

Los sistemas modernos también implementan mecanismos de optimización, como la paginación o la segmentación, que mejoran la organización de la memoria.

Una adecuada gestión de memoria contribuye a que el ordenador funcione con fluidez y evita fallos críticos.

3.3 EL SISTEMA DE ENTRADA Y SALIDA

El sistema de entrada y salida —conocido como sistema de E/S— es el encargado de coordinar la comunicación entre el ordenador y los dispositivos periféricos. Gracias a este sistema, el usuario puede introducir datos y recibir información procesada.

Los dispositivos de entrada incluyen elementos como el teclado, el ratón, el escáner o la cámara. Los de salida abarcan la pantalla, la impresora o los altavoces. También existen dispositivos mixtos, como las pantallas táctiles o las unidades de almacenamiento externas.

El sistema operativo gestiona estos dispositivos mediante **controladores** o drivers, que actúan como traductores entre el hardware y el software. Sin ellos, el sistema no podría reconocer ni utilizar los periféricos.

Las principales funciones del sistema de entrada y salida son:

- Detectar dispositivos conectados al equipo.
- Controlar el flujo de datos.
- Gestionar colas de impresión u operaciones de lectura y escritura.
- Optimizar la velocidad de transferencia.
- Manejar interrupciones generadas por los dispositivos.

Además, el sistema operativo suele ofrecer herramientas para instalar, actualizar o solucionar problemas relacionados con los controladores.

Un sistema de E/S eficiente mejora la experiencia del usuario y reduce los tiempos de espera en operaciones como la impresión o la copia de archivos.

3.4 SISTEMA DE ARCHIVOS

El sistema de archivos es el componente responsable de organizar la información almacenada en los dispositivos de memoria permanente, como discos duros o unidades SSD.

Su función principal es estructurar los datos de forma lógica para que puedan localizarse y utilizarse con rapidez.

Entre las tareas que realiza el sistema de archivos destacan:

- Crear y organizar archivos y carpetas.
- Asignar espacio de almacenamiento.
- Controlar permisos de acceso.
- Garantizar la integridad de los datos.
- Facilitar operaciones de copia, traslado o eliminación.

Los sistemas operativos emplean distintos formatos de archivo, como NTFS, FAT32 o ext4, cada uno con características específicas en términos de seguridad, rendimiento o compatibilidad.

Una correcta organización del sistema de archivos permite mejorar la productividad y minimizar el riesgo de pérdida de información.

Además, muchos sistemas incorporan herramientas de verificación que detectan errores en el disco y ayudan a prevenir fallos mayores.

3.5 SISTEMA DE PROTECCIÓN

El sistema de protección tiene como finalidad salvaguardar la información y garantizar que los recursos del sistema se utilicen de manera segura. En un entorno donde múltiples usuarios o aplicaciones pueden acceder al mismo equipo, la seguridad se convierte en un aspecto crítico.

Este sistema establece mecanismos para evitar accesos no autorizados y proteger los datos frente a amenazas internas o externas.

Entre sus funciones principales se encuentran:

- Autenticación de usuarios mediante contraseñas o métodos biométricos.
- Control de permisos sobre archivos y aplicaciones.
- Aislamiento de procesos para evitar interferencias.
- Protección frente a software malicioso.
- Registro de actividades del sistema.

Los sistemas operativos modernos incorporan capas de seguridad adicionales, como cifrado de datos, cortafuegos integrados o arranque seguro. Estas medidas contribuyen a crear entornos informáticos más fiables.

El factor humano también desempeña un papel decisivo. El uso de contraseñas robustas, la actualización periódica del sistema y la instalación de software confiable son prácticas esenciales para mantener la protección.

3.6 IMPORTANCIA DE LOS ELEMENTOS DEL SISTEMA OPERATIVO

Los elementos descritos no funcionan de manera aislada; forman un sistema interdependiente donde cada componente influye en el rendimiento global del equipo. La gestión de procesos depende de la memoria, el sistema de archivos necesita protección y el sistema de entrada y salida interactúa constantemente con los demás módulos.

Comprender esta estructura permite interpretar mejor el comportamiento del ordenador, diagnosticar problemas básicos y utilizar los recursos de forma más eficiente.

En entornos profesionales, este conocimiento adquiere aún mayor relevancia, ya que contribuye a mantener la continuidad operativa, proteger la información y optimizar el uso de la tecnología.

En definitiva, los elementos del sistema operativo constituyen la base invisible que hace posible el funcionamiento fiable de cualquier sistema microinformático.

3.7 SISTEMA DE COMUNICACIONES

El sistema de comunicaciones es el conjunto de mecanismos que permiten al sistema operativo intercambiar información tanto dentro del propio equipo como con otros dispositivos conectados a una red. Gracias a este sistema, los ordenadores pueden compartir datos, acceder a servicios remotos, comunicarse con servidores y participar en entornos colaborativos.

En el ámbito interno, el sistema de comunicaciones facilita la interacción entre procesos que se ejecutan simultáneamente. Esta comunicación puede producirse mediante distintos métodos, como colas de mensajes, memoria compartida o señales del sistema. Estas técnicas garantizan que las aplicaciones puedan coordinarse sin interferencias ni pérdidas de información.

En el ámbito externo, el sistema operativo integra protocolos de red que hacen posible la conexión a Internet o a redes locales. Protocolos como TCP/IP permiten dividir la información en paquetes, enviarla al destino correcto y reconstruirla posteriormente.

Entre las funciones principales del sistema de comunicaciones destacan:

▼ Gestionar el envío y la recepción de datos.

▼ Controlar la conexión con redes locales y remotas.

▼ Administrar puertos y direcciones de red.

▼ Garantizar la integridad de la información transmitida.

▼ Detectar errores durante la comunicación.

En los sistemas modernos, este componente también incorpora medidas de seguridad, como el cifrado de datos o el uso de conexiones seguras, que protegen la información frente a accesos no autorizados.

Comprender el funcionamiento del sistema de comunicaciones resulta esencial en entornos profesionales donde la conectividad es un requisito básico para la actividad diaria.

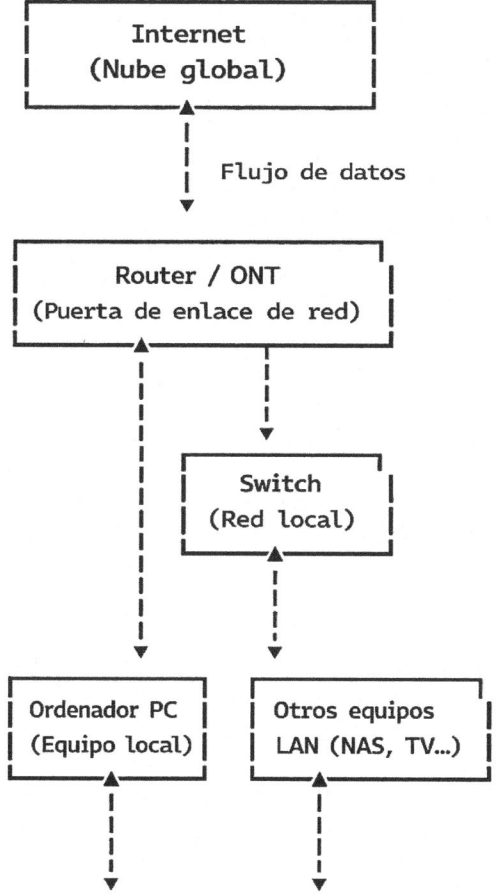

3.8 SISTEMA DE INTERPRETACIÓN DE ÓRDENES

El sistema de interpretación de órdenes es el componente del sistema operativo encargado de traducir las instrucciones del usuario a un lenguaje que el ordenador pueda ejecutar. Actúa como intermediario entre la persona usuaria y el núcleo del sistema.

Cada vez que se introduce una orden —ya sea mediante teclado, ratón o interfaz gráfica— este sistema la analiza, comprueba su validez y la envía al módulo correspondiente para su ejecución.

Sus funciones principales son:

▶ Interpretar comandos introducidos por el usuario.

▶ Verificar que la instrucción sea correcta.

▶ Activar los procesos necesarios para cumplir la orden.

▶ Mostrar mensajes de error cuando la instrucción no es válida.

Este sistema puede adoptar distintas formas, desde interfaces basadas en texto hasta entornos gráficos intuitivos. Independientemente de su formato, su objetivo es facilitar la interacción con el ordenador y permitir el control de sus funciones.

Una interpretación eficaz de órdenes mejora la productividad, reduce errores y permite aprovechar mejor las capacidades del sistema operativo.

3.9 LÍNEA DE COMANDO

La línea de comando —también denominada interfaz de línea de comandos o CLI (Command Line Interface) — es un entorno de interacción basado en texto que permite al usuario comunicarse directamente con el sistema operativo mediante órdenes escritas.

Aunque pueda parecer una tecnología antigua, sigue siendo una herramienta muy potente y utilizada en ámbitos técnicos y profesionales debido a su precisión y rapidez.

Para trabajar en la línea de comando es necesario conocer los comandos disponibles y su sintaxis. Una instrucción mal escrita puede impedir la ejecución de la tarea, lo que exige mayor atención por parte del usuario.

Entre sus ventajas destacan:

▼ Permite ejecutar tareas complejas con rapidez.

▼ Consume pocos recursos del sistema.

▼ Facilita la automatización mediante scripts.

▼ Ofrece un control muy detallado del sistema.

Sin embargo, también presenta algunas limitaciones, como una curva de aprendizaje más pronunciada o la necesidad de memorizar comandos.

Ejemplos habituales de entornos de línea de comando son el **Símbolo del sistema** y **PowerShell** en Windows, o la **Terminal** en sistemas Linux y macOS.

En muchos casos, los profesionales de la informática combinan el uso de la línea de comando con interfaces gráficas para aprovechar lo mejor de ambos entornos.

```
C:\Users\jdoe echo "Hello, world!"
Hello. weridl

C:\Users\jdoe dir
Oxlune sofllucct has a label,
Oxlune Serial Number 16 1244.5678

Directory of C:\Users\jdoe
56.64.20  60   <DTR>      DTR
56.64.20  04   <DTR>
56.64.20  64              04            document.txt
56.64.20  10              0   3,456 k  photh.jpg
54.64.20  12       79     788  760 b  script.psl

C:\users\jdoe ping example.com
Clading example.com 191.144,21641 with 92 bytes of data
Seply from 93,244-216;24> bytos<22 time>13ms TTL<56
Seply. from 93,164-256;24> bytos<22 time>13ms TTL<56
Reply from 93;164-216;24> bytoc<22 time>13ms TTL<56
sing statistion for #5,101,246,21.
    Packets. Senl.> > Received + A, Lost > 0 (6% loss
Approximate round trip tines im miill exconds.
    0111Hum > 11ms. BAeTHum > 18be. Averade > 11ms
```

3.10 INTERFAZ GRÁFICA

La interfaz gráfica de usuario —conocida como GUI (Graphical User Interface) — es el entorno visual que permite interactuar con el ordenador mediante elementos gráficos como ventanas, iconos, menús y botones.

Este tipo de interfaz revolucionó el uso de los sistemas informáticos al hacerlos más accesibles para personas sin conocimientos técnicos avanzados.

Entre sus características principales se encuentran:

▼ Uso de elementos visuales intuitivos.

▼ Navegación mediante ratón o pantalla táctil.

▼ Organización del trabajo en ventanas.

▼ Representación gráfica de archivos y carpetas.

Gracias a la interfaz gráfica, tareas que antes requerían comandos complejos —como copiar archivos o instalar programas— pueden realizarse mediante acciones sencillas como arrastrar y soltar.

Además, los entornos gráficos actuales priorizan la experiencia de usuario, incorporando diseños claros, asistentes de configuración y opciones de accesibilidad.

No obstante, la interfaz gráfica suele consumir más recursos que la línea de comandos, por lo que el sistema operativo debe gestionar adecuadamente la memoria y el procesador para mantener la fluidez.

La combinación de potencia técnica y facilidad de uso convierte a la interfaz gráfica en el medio de interacción más extendido en la actualidad.

3.11 PROGRAMAS DEL SISTEMA

Los programas del sistema son aplicaciones diseñadas para apoyar el funcionamiento del sistema operativo y facilitar la administración del equipo. A diferencia de los programas de usuario —como los procesadores de texto—, estos cumplen funciones relacionadas con el mantenimiento, la configuración y la optimización del sistema.

Algunos de los programas del sistema más habituales son:

▼ Gestores de archivos.

▼ Herramientas de copia de seguridad.

▼ Utilidades de diagnóstico.

▼ Desfragmentadores u optimizadores de disco.

▼ Administradores de tareas.

▼ Actualizadores del sistema.

Estos programas ayudan a detectar errores, mejorar el rendimiento y proteger la información. Por ejemplo, una herramienta de copia de seguridad permite recuperar datos en caso de fallo del sistema, mientras que un administrador de tareas facilita identificar aplicaciones que consumen demasiados recursos.

Muchos de estos programas se ejecutan en segundo plano sin que el usuario lo perciba, garantizando así la estabilidad del entorno informático.

El conocimiento básico de estas herramientas permite actuar con rapidez ante incidencias y mantener el equipo en condiciones óptimas de funcionamiento.

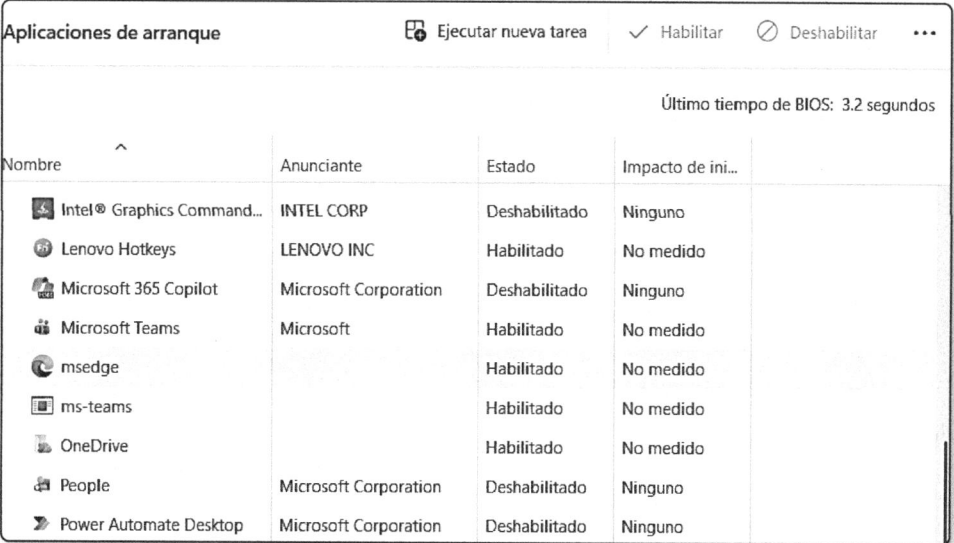

Aplicaciones de arranque		🗗 Ejecutar nueva tarea	✓ Habilitar	⊘ Deshabilitar	•••
				Último tiempo de BIOS: 3.2 segundos	
Nombre ^	Anunciante	Estado	Impacto de ini...		
🖼 Intel® Graphics Command...	INTEL CORP	Deshabilitado	Ninguno		
🔵 Lenovo Hotkeys	LENOVO INC	Habilitado	No medido		
🗂 Microsoft 365 Copilot	Microsoft Corporation	Deshabilitado	Ninguno		
🔷 Microsoft Teams	Microsoft	Habilitado	No medido		
🌐 msedge		Habilitado	No medido		
🖥 ms-teams		Habilitado	No medido		
🟦 OneDrive		Habilitado	No medido		
👤 People	Microsoft Corporation	Deshabilitado	Ninguno		
▶ Power Automate Desktop	Microsoft Corporation	Deshabilitado	Ninguno		

ACTIVIDADES

Actividad 1. Análisis de la gestión de procesos

Objetivo: comprender cómo el sistema operativo administra la ejecución de programas.

Desarrollo:

1. Abre varias aplicaciones al mismo tiempo (navegador, editor de texto, reproductor multimedia).

2. Accede al **Administrador de tareas**.

3. Observa el consumo de CPU y memoria de cada proceso.

Reflexión: ¿Qué ocurre cuando una aplicación consume demasiados recursos?

Resultado esperado: entender la importancia de la planificación de procesos para mantener la estabilidad.

Actividad 2. Observación del uso de la memoria

Objetivo: identificar cómo se distribuye la memoria RAM.

Desarrollo:

1. Con varias aplicaciones abiertas, revisa el apartado de memoria en el Administrador de tareas.

2. Cierra un programa y observa el cambio en el consumo.

Resultado esperado: relacionar la gestión de memoria con el rendimiento del equipo.

Actividad 3. Organización del sistema de archivos

Objetivo: aplicar criterios de orden y seguridad en el almacenamiento.

Desarrollo:

1. Crea una estructura de carpetas con tres niveles jerárquicos.

2. Guarda distintos archivos en cada carpeta.

3. Modifica permisos (si el sistema lo permite) o protege un archivo con contraseña.

Resultado esperado: comprender cómo el sistema de archivos facilita la localización y protege la información.

Actividad 4. Identificación de dispositivos de entrada y salida

Objetivo: analizar el funcionamiento del sistema de E/S.

Desarrollo:

1. Conecta un periférico al equipo (por ejemplo, una memoria USB o unos auriculares).

2. Comprueba si el sistema lo reconoce automáticamente.

3. Busca el controlador instalado.

Reflexión: ¿Qué ocurriría si el dispositivo no tuviera driver?

Resultado esperado: valorar el papel del sistema operativo en la comunicación con el hardware.

Actividad 5. Comparativa entre línea de comandos e interfaz gráfica

Objetivo: diferenciar los dos principales sistemas de interacción.

Desarrollo:

1. Crea una carpeta desde la interfaz gráfica.

2. Crea otra utilizando la línea de comandos (mkdir).

3. Compara dificultad, rapidez y precisión.

Resultado esperado: entender que ambos entornos son complementarios.

PREGUNTAS TIPO TEST

1. ¿Qué elemento del sistema operativo se encarga de asignar tiempo de CPU a los programas?
a) Sistema de archivos.
b) Gestión de procesos.
c) Interfaz gráfica.
d) Sistema de protección.

2. ¿Cuál es la función principal de la gestión de memoria?
a) Aumentar la velocidad de Internet.
b) Distribuir y controlar el uso de la memoria RAM.
c) Instalar periféricos automáticamente.
d) Organizar carpetas.

3. ¿Qué componente permite organizar la información en archivos y directorios?
a) Kernel.
b) Sistema de comunicaciones.
c) Sistema de archivos.
d) Línea de comandos.

4. ¿Qué papel cumplen los controladores o drivers?
a) Mejorar el diseño de la interfaz.
b) Traducir la comunicación entre hardware y sistema operativo.
c) Eliminar virus.
d) Gestionar la memoria virtual.

5. ¿Cuál de las siguientes es una función del sistema de protección?
a) Aumentar la capacidad del disco.
b) Evitar accesos no autorizados.
c) Ejecutar programas automáticamente.
d) Optimizar la velocidad del monitor.

6. **¿Qué técnica permite usar parte del disco como si fuera memoria adicional?**

a) Segmentación gráfica.

b) Multitarea.

c) Memoria virtual.

d) Desfragmentación.

7. **¿Qué sistema permite al ordenador intercambiar datos con otros equipos?**

a) Sistema de archivos.

b) Sistema de comunicaciones.

c) Gestión de procesos.

d) BIOS.

8. **¿Cuál es la principal ventaja de la línea de comandos?**

a) Mayor consumo de recursos.

b) Permite ejecutar órdenes precisas y automatizar tareas.

c) Sustituye al sistema operativo.

d) Solo sirve para navegar por Internet.

9. **¿Qué caracteriza a la interfaz gráfica?**

a) Uso exclusivo de comandos escritos.

b) Interacción mediante ventanas, iconos y menús.

c) Menor facilidad de uso.

d) Ausencia de elementos visuales.

10. **¿Cuál es la función de los programas del sistema?**

a) Sustituir al hardware.

b) Facilitar el mantenimiento y la administración del equipo.

c) Ejecutar únicamente videojuegos

d) Incrementar la memoria RAM físicamente.

RESPUESTAS

1. B.

2. B.

3. C.

4. B.

5. B.

6. C.

7. B.

8. B.

9. B.

10. B.

4

SISTEMAS OPERATIVOS INFORMÁTICOS ACTUALES

Los sistemas operativos constituyen el núcleo funcional de cualquier equipo informático. Sin ellos, el hardware carecería de utilidad práctica, ya que no existiría un entorno que permitiera ejecutar programas, gestionar recursos o facilitar la interacción con la persona usuaria.

En la actualidad, los sistemas operativos han evolucionado hasta convertirse en plataformas complejas capaces de adaptarse a múltiples dispositivos —ordenadores personales, servidores, teléfonos móviles, tablets o sistemas embebidos— y a distintos contextos de uso, desde el ámbito doméstico hasta entornos empresariales críticos.

Un sistema operativo moderno debe ser estable, seguro, eficiente y fácil de utilizar. Además, debe garantizar la compatibilidad con aplicaciones, ofrecer actualizaciones periódicas y responder a las crecientes demandas de conectividad y protección de datos.

4.1 CLASIFICACIÓN DE LOS SISTEMAS OPERATIVOS

Los sistemas operativos pueden clasificarse atendiendo a distintos criterios, como el número de usuarios que soportan, la capacidad de ejecutar tareas simultáneas o el tipo de dispositivo para el que han sido diseñados.

Una primera clasificación distingue entre:

Sistemas operativos monousuario

Están diseñados para ser utilizados por una única persona a la vez. Aunque permiten ejecutar varias aplicaciones simultáneamente, el control del sistema recae en un solo usuario.

Sistemas operativos multiusuario

Permiten que varios usuarios accedan al sistema de forma simultánea, ya sea desde terminales diferentes o mediante conexiones remotas. Son habituales en servidores y entornos corporativos.

Otra clasificación relevante es la siguiente:

Sistemas monotarea

Solo pueden ejecutar una tarea en cada momento. Hoy en día son poco frecuentes, aunque todavía se emplean en dispositivos muy específicos.

Sistemas multitarea

Permiten ejecutar varios procesos al mismo tiempo, optimizando el uso del procesador. Son los más extendidos en la informática moderna.

También pueden clasificarse según su ámbito de aplicación:

- ▼ Sistemas para ordenadores personales.
- ▼ Sistemas para servidores.
- ▼ Sistemas móviles.
- ▼ Sistemas embebidos (integrados en maquinaria o dispositivos electrónicos).

Comprender estas clasificaciones ayuda a seleccionar el sistema más adecuado según las necesidades de uso.

4.2 SOFTWARE LIBRE

El concepto de software libre hace referencia a programas cuyo código fuente está disponible para que cualquier persona pueda estudiarlo, modificarlo y redistribuirlo. Este modelo promueve la colaboración, la transparencia y el desarrollo tecnológico compartido.

No debe confundirse "software libre" con "software gratuito". Aunque muchos programas libres pueden descargarse sin coste, su rasgo distintivo es la libertad de uso y modificación.

Las libertades fundamentales del software libre son:

- Usar el programa con cualquier propósito.
- Estudiar cómo funciona.
- Modificarlo para adaptarlo a necesidades propias.
- Distribuir copias.
- Mejorar el programa y compartir esas mejoras.

Uno de los ejemplos más representativos es **Linux**, un sistema operativo ampliamente utilizado en servidores, superordenadores y entornos profesionales.

El software libre aporta ventajas importantes, como la independencia de proveedores, la posibilidad de auditoría del código y una gran capacidad de personalización. Sin embargo, en algunos contextos puede requerir conocimientos técnicos más avanzados para su administración.

Código fuente abierto

4.3 CARACTERÍSTICAS Y UTILIZACIÓN

Los sistemas operativos actuales comparten una serie de características que los hacen aptos para responder a las necesidades tecnológicas contemporáneas.

Entre las más destacadas se encuentran:

▶ **Seguridad**

Incorporan mecanismos de autenticación, cifrado y control de accesos que protegen la información frente a amenazas.

▶ **Estabilidad**

Están diseñados para funcionar durante largos periodos sin interrupciones ni fallos críticos.

▶ **Interfaz intuitiva**

Ofrecen entornos gráficos que facilitan el aprendizaje y la productividad.

▶ **Compatibilidad**

Permiten ejecutar una amplia variedad de aplicaciones y controladores de hardware.

▶ **Actualizaciones periódicas**

Los fabricantes publican mejoras de seguridad y rendimiento para mantener el sistema al día.

En cuanto a su utilización, cada sistema operativo suele destacar en determinados ámbitos:

▶ **Windows** domina el entorno empresarial y doméstico.

▶ **Linux** es muy utilizado en servidores y entornos técnicos.

▶ **macOS** se asocia a contextos creativos y profesionales.

▶ **Android** y **iOS** lideran el mercado móvil.

Elegir uno u otro depende de factores como el uso previsto, la compatibilidad necesaria o el nivel de conocimientos del usuario.

Sistema Operativo	Ámbito principal de uso	Ejemplos típicos
Windows	Uso general, oficina, productividad, gaming.	PCs domésticos, empresas, videojuegos, ofimática.
Linux	Servidores, desarrollo, computación científica.	Hosting, ciberseguridad, DevOps, supercomputación.
macOS	Creatividad, diseño, entorno profesional Apple.	Diseño gráfico, edición de vídeo, ecosistema Mac.
Android	Dispositivos móviles, apps, movilidad.	Smartphones, tablets, dispositivos IoT.
iOS	Movilidad premium, apps optimizadas.	iPhone, iPad, entorno Apple móvil.

4.4 DIFERENCIAS ENTRE SISTEMAS OPERATIVOS

Aunque todos los sistemas operativos comparten funciones básicas, existen diferencias relevantes que influyen en la experiencia de uso.

- **Modelo de licencia**

  Algunos sistemas son propietarios, mientras que otros son de código abierto.

- **Nivel de personalización**

  Los sistemas abiertos suelen permitir mayor adaptación.

- **Facilidad de uso**

  Algunos priorizan la sencillez, mientras que otros ofrecen mayor control técnico.

- **Seguridad**

  Depende tanto del diseño del sistema como de su correcta configuración.

- **Compatibilidad de software**

  No todos los programas funcionan en todos los sistemas.

Estas diferencias explican por qué no existe un sistema operativo universalmente superior: la elección debe basarse en las necesidades concretas de cada entorno.

Aspecto	Software Propietario	Software Libre
Acceso al código fuente	Código cerrado, no visible para el usuario.	Código abierto, accesible para todos.
Licencia	Restrictiva, limita uso y distribución.	Permite usar, estudiar, modificar y distribuir.
Control	Lo tiene el fabricante.	Lo tiene el usuario y la comunidad.
Modificación del software	No permitida.	Totalmente permitida.
Actualizaciones	Controladas por la empresa.	Gestionadas por la comunidad o el usuario.
Transparencia	Baja, no se puede auditar el código.	Alta, el código es auditable.
Coste	Generalmente de pago.	Generalmente gratuito.
Soporte	Oficial, profesional.	Comunitario (a veces oficial).
Ejemplos	Windows, macOS, Office, Photoshop.	Linux, Firefox, LibreOffice, GIMP.
Ventajas principales	Soporte oficial, integración comercial, facilidad de uso.	Seguridad, personalización, libertad, transparencia.
Limitaciones	Dependencia del proveedor, coste, poca flexibilidad.	Curva de aprendizaje, soporte variable.

Software Propietario vs Software Libre

4.5 VERSIONES Y DISTRIBUCIONES

Los sistemas operativos evolucionan constantemente mediante versiones que incorporan mejoras tecnológicas, nuevas funciones y parches de seguridad.

Cada versión representa un paso adelante en términos de rendimiento, compatibilidad y protección frente a amenazas.

En el caso del software propietario, las versiones suelen estar controladas por una única empresa desarrolladora. Por ejemplo, los sistemas Windows han evolucionado desde versiones tempranas hasta las actuales, caracterizadas por una mayor integración con servicios en la nube y mejores medidas de seguridad.

En los sistemas basados en Linux se habla habitualmente de **distribuciones**, que son variantes del sistema adaptadas a distintos perfiles de usuario. Algunas están orientadas a principiantes, mientras que otras se diseñan para entornos profesionales o de alto rendimiento.

Actualizar el sistema operativo es una práctica fundamental para mantener la seguridad y garantizar el correcto funcionamiento del equipo.

ACTIVIDADES

Actividad 1. Identificación del sistema operativo del equipo

Objetivo: reconocer el sistema operativo instalado y analizar sus características.

Desarrollo:

1. Accede a la configuración del equipo y localiza la información del sistema.

2. Anota:

   - Nombre del sistema operativo.
   - Versión instalada.
   - Tipo de dispositivo (PC, portátil, móvil, etc.).

3. Describe dos características que lo hagan adecuado para su uso.

Resultado esperado: comprender que cada sistema operativo está diseñado para responder a necesidades específicas.

Actividad 2. Clasificación de sistemas operativos

Objetivo: diferenciar los distintos tipos de sistemas operativos.

Desarrollo: clasifica los siguientes ejemplos indicando si son monousuario o multiusuario, y si son multitarea:

- Windows.
- Linux.
- Android.
- IOS.

Pregunta de reflexión: ¿Por qué los sistemas multitarea son imprescindibles en la informática actual?

Resultado esperado: entender los criterios básicos de clasificación.

Actividad 3. Comparativa entre software libre y propietario

Objetivo: analizar ventajas y limitaciones de ambos modelos.

Desarrollo: elabora una tabla comparativa que incluya:

- Acceso al código.
- Coste.
- Nivel de personalización.
- Soporte.
- Seguridad.

Resultado esperado: desarrollar criterio técnico para la toma de decisiones.

Actividad 4. Análisis de necesidades de uso

Objetivo: seleccionar el sistema operativo más adecuado según el contexto.

Supuesto práctico: una empresa de diseño gráfico necesita equipos para edición de vídeo y tratamiento de imágenes.

Responde:

- ¿Qué sistema operativo recomendarías?
- ¿Por qué?
- ¿Qué características son prioritarias?

Resultado esperado: relacionar funcionalidades del sistema con el entorno profesional.

Actividad 5. Importancia de las actualizaciones

Objetivo: comprender el papel de las versiones del sistema operativo.

Desarrollo:

1. Comprueba si tu equipo tiene actualizaciones pendientes.

2. Investiga qué mejoras incluyen (seguridad, rendimiento, nuevas funciones).

Resultado esperado: valorar las actualizaciones como una medida esencial de protección.

PREGUNTAS TIPO TEST

1. ¿Cuál es una característica esencial de un sistema operativo moderno?
   a) Ejecutar solo una aplicación.
   b) Carecer de medidas de seguridad.
   c) Ser estable, seguro y eficiente.
   d) Funcionar sin actualizaciones.

2. ¿Qué distingue principalmente al software libre?
   a) Siempre es de pago.
   b) Su código fuente puede estudiarse y modificarse.
   c) Solo puede usarse en servidores.
   d) No permite redistribución.

3. ¿Qué tipo de sistema operativo permite el acceso simultáneo de varios usuarios?
   a) Monotarea.
   b) Multiusuario.
   c) Monousuario.
   d) Embebido.

4. ¿Cuál de los siguientes sistemas operativos se utiliza con frecuencia en servidores?
   a) Linux.
   b) iOS.
   c) Android.
   d) Ninguno.

5. ¿Por qué es importante actualizar el sistema operativo?
   a) Para reducir la capacidad del equipo.
   b) Para evitar el uso de aplicaciones.
   c) Para mejorar la seguridad y el rendimiento.
   d) Para eliminar el sistema de archivos.

RESPUESTAS

1. C.

2. B.

3. B.

4. A.

5. C.

5

INSTALACIÓN Y CONFIGURACIÓN DE SISTEMAS OPERATIVOS INFORMÁTICOS (WINDOWS 11)

La instalación del sistema operativo es uno de los procesos más importantes en la puesta en marcha de un equipo informático. De su correcta ejecución dependerán la estabilidad del sistema, el rendimiento del hardware y la seguridad de la información. En entornos profesionales, una instalación adecuada reduce incidencias, facilita el mantenimiento y prolonga la vida útil de los equipos.

Este apartado se centra en **Windows 11**, uno de los sistemas operativos más extendidos en la actualidad tanto en entornos domésticos como corporativos. Su instalación presenta ciertas particularidades técnicas —especialmente relacionadas con los requisitos de seguridad— que es imprescindible conocer antes de iniciar el proceso.

Instalar un sistema operativo no consiste únicamente en copiar archivos en el disco; implica preparar el hardware, organizar el almacenamiento, definir parámetros básicos y garantizar que el equipo pueda arrancar correctamente.

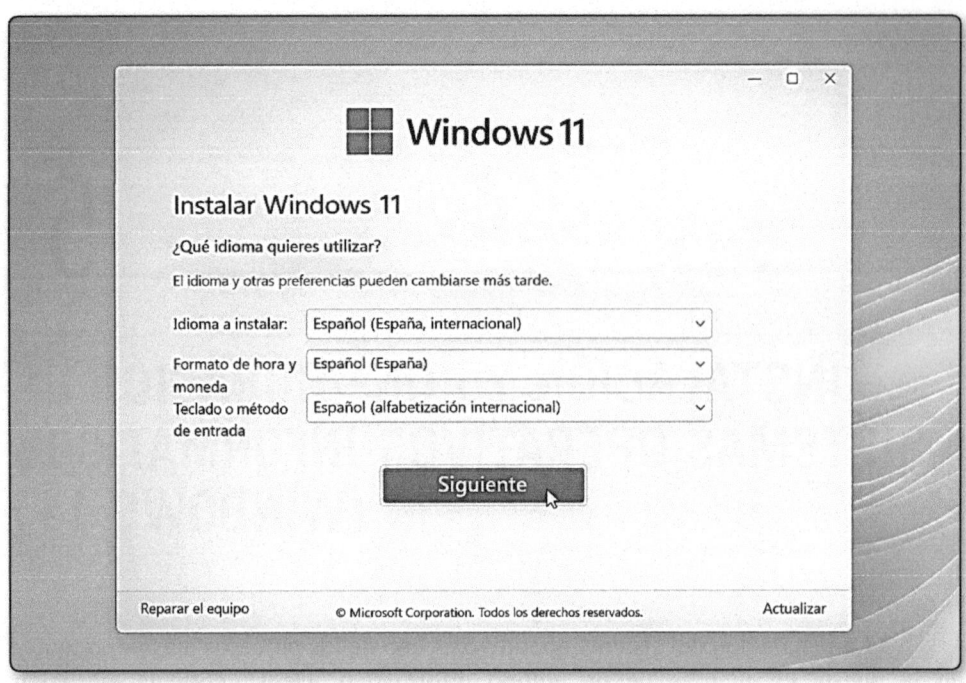

5.1 REQUISITOS PARA LA INSTALACIÓN. COMPATIBILIDAD HARDWARE Y SOFTWARE

Antes de instalar Windows 11 es imprescindible comprobar que el equipo cumple los requisitos mínimos establecidos por el fabricante. Esta verificación evita errores durante la instalación y asegura un funcionamiento fluido.

Los principales requisitos de Windows 11 son:

- Procesador compatible de 64 bits con al menos dos núcleos.
- 4 GB de memoria RAM como mínimo (recomendable 8 GB o más).
- 64 GB de almacenamiento disponible.
- Firmware **UEFI** con arranque seguro (Secure Boot).
- Módulo **TPM 2.0** (Trusted Platform Module).
- Tarjeta gráfica compatible con DirectX 12.
- Pantalla de alta definición.

El requisito del TPM representa una de las grandes novedades respecto a versiones anteriores, ya que refuerza la seguridad mediante funciones de cifrado y protección de credenciales.

Además del hardware, también debe considerarse la compatibilidad del software. Es recomendable verificar que los programas críticos para la organización funcionen correctamente en Windows 11.

¿Cómo chequeo el hardware de mi PC?

Abre la ventana de Ejecutar con el comando Control + R o escribiendo ejecutar en el buscador de Windows. Una vez nos aparezca la ventana, solo tendremos que escribir en ella «msinfo32» y pulsar aceptar o enter. Hecho esto nos aparecerá en pantalla una nueva ventana con toda la información de nuestro hardware. Otra opción es con la herramienta que Microsoft proporciona **PC Health Check**, que permiten analizar automáticamente si el equipo es apto para la instalación.

Realizar esta comprobación previa evita pérdidas de tiempo y posibles problemas operativos.

5.2 FASES DE INSTALACIÓN

La instalación de Windows 11 sigue un proceso guiado mediante un asistente que facilita la configuración incluso a usuarios con poca experiencia técnica. No obstante, comprender cada fase permite tomar decisiones más acertadas.

1. Preparación del medio de instalación

El sistema suele instalarse desde una memoria USB creada con la herramienta oficial **Media Creation Tool**. Este dispositivo debe configurarse como unidad de arranque.

2. Inicio del equipo desde el medio de instalación

Al encender el ordenador, se accede al menú de arranque para seleccionar la unidad USB.

3. Configuración inicial

El asistente solicita datos como idioma, formato de hora y tipo de teclado.

4. Introducción de la clave de producto

Puede introducirse durante la instalación o posteriormente si se dispone de licencia digital.

5. Selección del tipo de instalación

Existen dos opciones principales:

▼ **Actualización:** conserva archivos y aplicaciones.

▼ **Instalación limpia:** elimina los datos previos y ofrece un sistema más estable.

En entornos profesionales se recomienda la instalación limpia para evitar conflictos heredados.

6. Selección del disco y particiones

Se elige la unidad donde se instalará el sistema operativo.

7. Copia de archivos y reinicios automáticos

El sistema completa la instalación sin intervención adicional.

8. Configuración inicial del usuario

Incluye conexión a red, cuenta Microsoft (o cuenta local) y ajustes de privacidad.

Comprender estas fases ayuda a anticipar decisiones importantes y reduce el riesgo de errores.

5.3 CONFIGURACIÓN DEL DISPOSITIVO DE ARRANQUE EN LA BIOS/UEFI

Para que el ordenador pueda iniciar la instalación, es necesario indicar desde qué dispositivo debe arrancar. Esta configuración se realiza en el firmware del equipo, conocido tradicionalmente como BIOS y actualmente sustituido en la mayoría de los equipos por **UEFI**.

El acceso suele realizarse pulsando una tecla específica al encender el equipo (como F2, F10, ESC o SUPR).

Dentro del menú de configuración se debe:

▶ Localizar el apartado **Boot** o arranque.

▶ Establecer la memoria USB como primera opción.

▶ Guardar los cambios antes de salir.

El uso de UEFI aporta ventajas como mayor velocidad de arranque, mejor compatibilidad con discos modernos y funciones avanzadas de seguridad como Secure Boot.

Una configuración incorrecta del arranque puede impedir la instalación, por lo que este paso debe realizarse con atención.

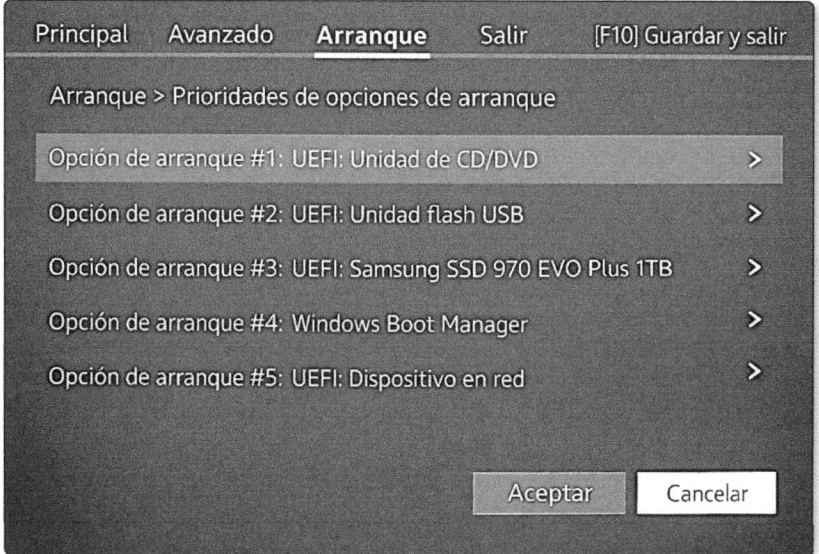

5.4 FORMATEADO DE DISCOS

El formateo es el proceso mediante el cual se prepara un disco para almacenar información. Consiste en crear una estructura lógica que permita al sistema operativo organizar los datos.

Durante la instalación de Windows 11, el asistente permite formatear las unidades antes de copiar los archivos.

Existen dos tipos principales:

Formateo rápido

Elimina la tabla de archivos sin revisar el disco. Es más veloz, pero no detecta errores físicos.

Formateo completo

Analiza el disco en busca de sectores defectuosos, ofreciendo mayor fiabilidad.

El sistema de archivos más utilizado en Windows 11 es **NTFS**, que proporciona:

▶ Mayor seguridad mediante permisos.

▶ Soporte para archivos de gran tamaño.

▶ Mejor recuperación ante fallos.

Es importante recordar que el formateo elimina toda la información existente, por lo que debe realizarse una copia de seguridad previa.

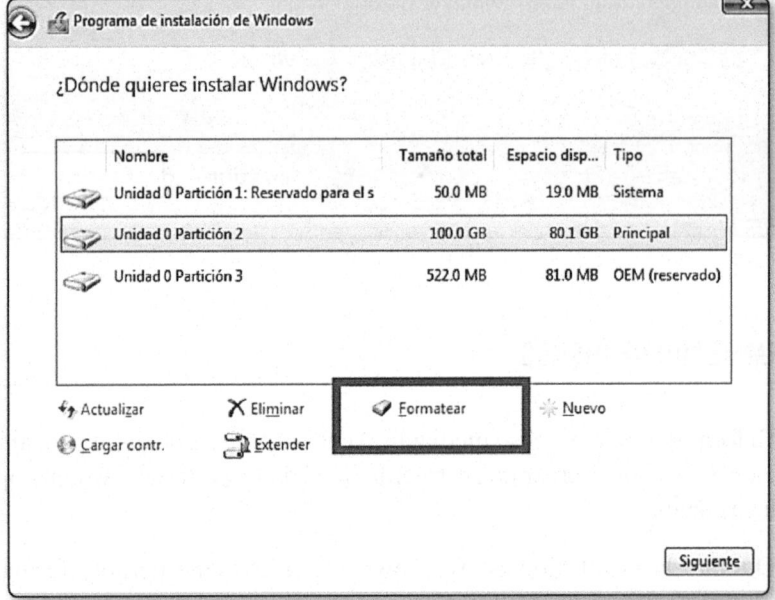

5.5 PARTICIONADO DE DISCOS

El particionado consiste en dividir un disco físico en varias unidades lógicas independientes. Cada partición funciona como si fuera un disco separado, lo que facilita la organización y protección de los datos.

Windows 11 crea automáticamente algunas particiones necesarias para el funcionamiento del sistema, como:

- ▼ Partición del sistema EFI.
- ▼ Partición reservada.
- ▼ Partición principal donde se instala Windows.
- ▼ Partición de recuperación.

No obstante, el usuario puede crear particiones adicionales según sus necesidades. Por ejemplo:

- ▼ Una partición para el sistema operativo.
- ▼ Otra para documentos y archivos personales.

Esta separación mejora la seguridad, ya que permite reinstalar el sistema sin afectar a los datos almacenados en otras particiones.

Además, facilita la realización de copias de seguridad y optimiza la gestión del almacenamiento.

Antes de modificar particiones es recomendable planificar el espacio necesario, especialmente en entornos profesionales donde el crecimiento de datos puede ser significativo.

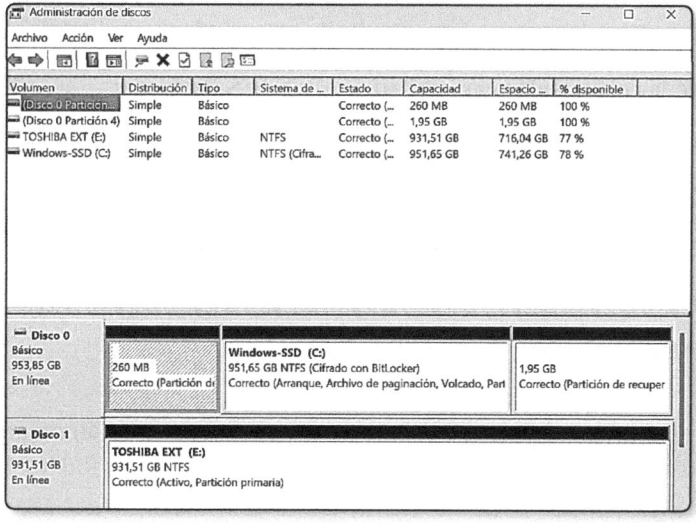

5.6 IMPORTANCIA DE UNA INSTALACIÓN CORRECTA

Una instalación adecuada de Windows 11 constituye la base de un entorno informático estable, seguro y eficiente. Preparar el hardware, configurar correctamente el arranque y organizar el almacenamiento son tareas que influyen directamente en el rendimiento del equipo.

En el ámbito profesional, estas prácticas no solo mejoran la productividad, sino que también reducen riesgos operativos y facilitan el mantenimiento posterior.

Dominar el proceso de instalación permite al usuario actuar con autonomía, resolver incidencias básicas y garantizar que el sistema esté preparado para afrontar las exigencias tecnológicas actuales.

5.7 CREACIÓN DEL SISTEMA DE FICHEROS

La creación del sistema de ficheros es un paso esencial dentro del proceso de instalación de un sistema operativo, ya que define la forma en que se almacenarán, organizarán y recuperarán los datos en el dispositivo de almacenamiento. En el caso de **Windows 11**, el sistema de archivos utilizado por defecto es **NTFS (New Technology File System)**, reconocido por su fiabilidad, seguridad y eficiencia en la gestión de grandes volúmenes de información.

El sistema de ficheros actúa como una estructura lógica que permite al sistema operativo localizar rápidamente los datos sin que el usuario tenga que preocuparse por su ubicación física en el disco. Sin esta organización, el almacenamiento sería caótico y el acceso a la información resultaría extremadamente lento.

Entre las principales características de NTFS destacan:

▶ Permite establecer permisos de acceso a archivos y carpetas.

▶ Ofrece soporte para cifrado de datos.

▶ Facilita la compresión de archivos para ahorrar espacio.

▶ Reduce el riesgo de pérdida de información ante fallos del sistema.

▶ Admite archivos de gran tamaño.

Durante la instalación de Windows 11, el sistema crea automáticamente la estructura básica del sistema de archivos en la partición principal. No obstante, tras la instalación es recomendable organizar la información siguiendo una estructura clara de carpetas, por ejemplo:

- Documentos profesionales.
- Recursos compartidos.
- Copias de seguridad.
- Aplicaciones específicas.

Una organización lógica mejora la productividad y facilita el mantenimiento del equipo.

También es importante considerar prácticas como la desfragmentación (en discos HDD) o la optimización automática (en unidades SSD), que contribuyen a mantener el rendimiento del almacenamiento.

5.8 CONFIGURACIÓN DEL SISTEMA OPERATIVO Y DE LOS DISPOSITIVOS

Una vez finalizada la instalación de Windows 11, es necesario realizar una configuración inicial que permita adaptar el sistema al entorno de trabajo y garantizar un funcionamiento óptimo desde el primer momento.

Esta configuración abarca tanto aspectos internos del sistema como la correcta detección de los dispositivos conectados al equipo.

Entre las tareas más importantes se encuentran:

Configuración inicial del sistema

Incluye la selección del idioma, la zona horaria, el formato regional y las preferencias de accesibilidad. Estos parámetros influyen directamente en la experiencia de uso.

Creación de cuentas de usuario

Windows 11 permite trabajar con cuentas locales o cuentas Microsoft. En entornos profesionales, es habitual asignar distintos niveles de permisos para reforzar la seguridad.

Actualización del sistema

Tras la instalación, es imprescindible ejecutar **Windows Update** para descargar parches de seguridad y mejoras de estabilidad.

Instalación de controladores (drivers)

Los controladores permiten que el sistema operativo se comunique correctamente con el hardware. Aunque Windows 11 reconoce la mayoría de dispositivos automáticamente, en algunos casos será necesario instalar drivers específicos para tarjetas gráficas, impresoras o adaptadores de red.

Configuración de red

La conexión a Internet o a una red corporativa es fundamental para acceder a servicios, compartir recursos y mantener el sistema actualizado.

Ajustes de seguridad

Se recomienda activar herramientas como:

▶ Firewall de Windows.

▶ Antivirus integrado (Microsoft Defender).

▶ Cifrado de disco mediante BitLocker cuando el hardware lo permita.

Una configuración adecuada desde el inicio reduce vulnerabilidades y mejora el rendimiento general del equipo.

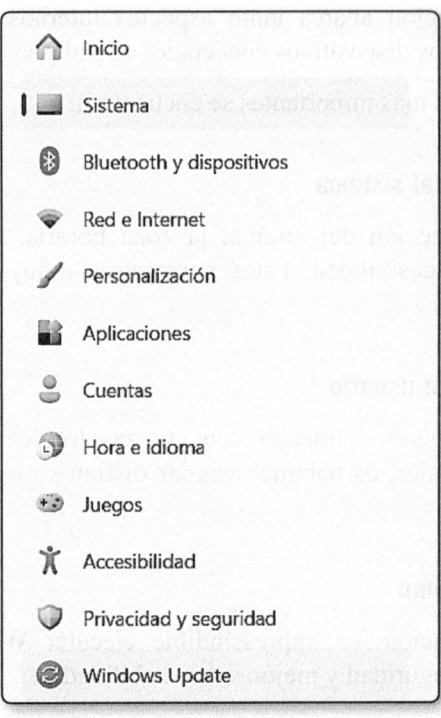

5.9 INSTALACIÓN Y CONFIGURACIÓN DE UTILIDADES Y APLICACIONES

Tras preparar el sistema operativo, el siguiente paso consiste en instalar las aplicaciones necesarias para el desempeño de las tareas habituales. Un sistema recién instalado ofrece funcionalidades básicas, pero requiere software adicional para adaptarse a las necesidades profesionales o personales.

La instalación de programas en Windows 11 puede realizarse desde distintas fuentes:

- ▼ Microsoft Store.
- ▼ Sitios web oficiales de los fabricantes.
- ▼ Plataformas corporativas de distribución de software.

Es fundamental descargar aplicaciones únicamente desde fuentes confiables para evitar riesgos de seguridad.

Entre las utilidades más habituales tras la instalación se encuentran:

Herramientas ofimáticas

Procesadores de texto, hojas de cálculo y programas de presentación, imprescindibles en la mayoría de entornos laborales.

Navegadores web

Permiten acceder a servicios en línea y aplicaciones basadas en la nube.

Software de seguridad

Aunque Windows incluye protección integrada, algunas organizaciones optan por soluciones adicionales.

Herramientas de compresión y gestión de archivos

Facilitan el intercambio de información.

Aplicaciones de comunicación y colaboración

Especialmente importantes en contextos de trabajo remoto o híbrido.

Después de instalar las aplicaciones, es recomendable revisar su configuración para optimizar el rendimiento y evitar que consuman recursos innecesarios al iniciarse automáticamente.

También conviene mantener todos los programas actualizados, ya que las nuevas versiones corrigen errores y mejoran la seguridad.

Una correcta planificación del software evita la sobrecarga del sistema y contribuye a crear un entorno de trabajo eficiente.

5.10 IMPORTANCIA DE LA CONFIGURACIÓN POSTERIOR A LA INSTALACIÓN

La instalación del sistema operativo no debe considerarse el final del proceso, sino el inicio de la vida operativa del equipo. La creación del sistema de archivos, la correcta configuración del entorno y la instalación de aplicaciones determinan la funcionalidad real del ordenador.

En entornos profesionales, estas tareas forman parte de los procedimientos estándar de despliegue tecnológico y garantizan que los equipos estén preparados para responder a las exigencias del trabajo diario.

Un sistema bien configurado es sinónimo de mayor seguridad, mejor rendimiento y menor probabilidad de incidencias.

ACTIVIDADES

Actividad 1. Verificación de requisitos para instalar Windows 11

Objetivo: comprobar la compatibilidad de un equipo antes de la instalación.

Desarrollo:

1. Abre la herramienta **Información del sistema** (msinfo32).

2. Identifica los siguientes elementos:
   - Procesador.
   - Memoria RAM.
   - Capacidad de almacenamiento.
   - Tipo de firmware (UEFI/BIOS).

3. Determina si el equipo cumple los requisitos mínimos de Windows 11.

Resultado esperado: comprender la importancia de la verificación previa para evitar errores de instalación.

Actividad 2. Preparación de un medio de instalación

Objetivo: conocer el proceso necesario para iniciar la instalación del sistema operativo.

Desarrollo:

1. Investiga qué es la herramienta **Media Creation Tool**.

2. Describe los pasos para crear una memoria USB de arranque.

3. Explica por qué el USB debe configurarse como primer dispositivo de arranque.

Resultado esperado: entender la fase inicial del proceso de instalación.

Actividad 3. Diferenciación entre instalación limpia y actualización

Objetivo: analizar qué tipo de instalación es más adecuada según el contexto.

Desarrollo: elabora una tabla comparativa que incluya:

- Conservación de archivos.
- Nivel de estabilidad.
- Riesgo de conflictos.
- Tiempo de instalación.

Pregunta de reflexión: ¿Por qué en entornos profesionales suele recomendarse la instalación limpia?

Resultado esperado: desarrollar criterio técnico en la toma de decisiones.

Actividad 4. Planificación del particionado del disco

Objetivo: comprender la utilidad de dividir el almacenamiento.

Desarrollo: imagina que dispones de un disco de 1 TB.

Diseña una propuesta de particiones que incluya:

- Sistema operativo.
- Documentos.
- Copias de seguridad.

Justifica el tamaño asignado a cada una.

Resultado esperado: valorar el particionado como medida de organización y seguridad.

Actividad 5. Configuración inicial tras la instalación

Objetivo: identificar las tareas necesarias para dejar el sistema listo para su uso.

Desarrollo: enumera las acciones que deberían realizarse inmediatamente después de instalar Windows 11:

- ▸ Actualizaciones.
- ▸ Instalación de drivers.
- ▸ Configuración de red.
- ▸ Ajustes de seguridad.

Resultado esperado: comprender que la instalación es solo el inicio del ciclo operativo del equipo.

PREGUNTAS TIPO TEST

1. **¿Cuál es uno de los requisitos de seguridad más importantes para instalar Windows 11?**
   a) Tener un monitor de gran tamaño.
   b) Disponer de TPM 2.0.
   c) Usar únicamente discos HDD.
   d) Contar con una impresora conectada.

2. **¿Qué tipo de instalación elimina los datos previos y ofrece un sistema más estable?**
   a) Instalación automática.
   b) Actualización.
   c) Instalación limpia.
   d) Instalación remota.

3. **¿Qué función cumple el formateo de un disco?**
   a) Aumentar la velocidad de Internet.
   b) Preparar el disco creando una estructura para almacenar datos.
   c) Instalar controladores automáticamente.
   d) Reducir la memoria RAM.

4. ¿Cuál es el sistema de archivos utilizado por defecto en Windows 11?

a) FAT16.

b) exFAT.

c) NTFS.

d) ext4.

5. ¿Por qué es importante instalar los controladores (drivers) tras la instalación del sistema?

a) Para cambiar el sistema operativo.

b) Para permitir la correcta comunicación entre hardware y software.

c) Para eliminar particiones.

d) Para formatear el disco automáticamente.

RESPUESTAS

1. B.

2. C.

3. B.

4. C.

5. B.

6

TIPOS DE INSTALACIÓN

La instalación de un sistema operativo puede realizarse siguiendo distintos enfoques, en función de las necesidades del usuario, del tipo de equipo y del entorno en el que se vaya a utilizar. Elegir correctamente el tipo de instalación es una decisión estratégica que influye directamente en el rendimiento del sistema, la seguridad, la facilidad de mantenimiento y el aprovechamiento de los recursos hardware.

En el caso de **Windows 11**, el asistente de instalación permite adoptar diferentes modalidades que se adaptan tanto a equipos domésticos como a infraestructuras empresariales. Comprender estas opciones ayuda a evitar configuraciones innecesarias y permite crear entornos informáticos más eficientes.

Antes de iniciar cualquier instalación, es recomendable analizar factores como:

- Finalidad del equipo (uso personal, educativo o profesional).
- Capacidad del hardware disponible.
- Nivel de personalización requerido.
- Necesidades de seguridad.
- Posibilidad de ampliación futura.

Cada modalidad de instalación responde a escenarios distintos, por lo que no existe una opción universalmente mejor; la elección dependerá siempre del contexto.

6.1 INSTALACIONES MÍNIMAS

La instalación mínima consiste en desplegar únicamente los componentes esenciales del sistema operativo, evitando la incorporación de aplicaciones o funciones adicionales que no resulten imprescindibles.

Este tipo de instalación tiene como objetivo principal reducir el consumo de recursos y maximizar el rendimiento del equipo, algo especialmente útil en ordenadores con hardware limitado o destinados a tareas muy específicas.

Entre sus principales características destacan:

- Menor uso de espacio en disco.
- Arranque más rápido.
- Menor consumo de memoria RAM.
- Reducción de procesos en segundo plano.
- Superficie de ataque más pequeña frente a amenazas de seguridad.

Las instalaciones mínimas son habituales en:

- Equipos antiguos que deben seguir operativos.
- Ordenadores destinados a tareas concretas (terminales de consulta, equipos de control, puntos de venta).
- Entornos de laboratorio o pruebas.
- Sistemas virtualizados.

No obstante, esta modalidad presenta algunas limitaciones. Es posible que el usuario deba instalar posteriormente determinadas funcionalidades o aplicaciones necesarias para el trabajo diario.

Por ello, aunque ofrece gran eficiencia, requiere una planificación adecuada para evitar interrupciones operativas.

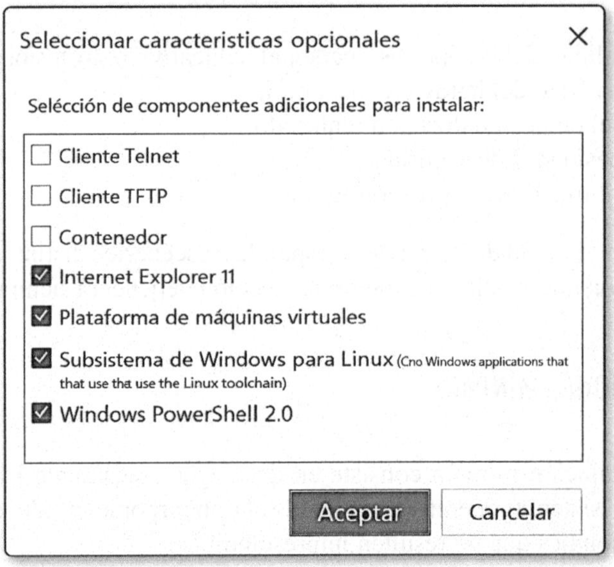

6.2 INSTALACIONES ESTÁNDARES

La instalación estándar es la más habitual y está pensada para cubrir las necesidades de la mayoría de los usuarios sin requerir configuraciones complejas. Incluye los componentes principales del sistema operativo junto con un conjunto equilibrado de herramientas y servicios.

Windows 11, cuando se instala siguiendo las opciones predeterminadas, realiza precisamente este tipo de instalación.

Sus ventajas principales son:

- Preparación inmediata para el uso cotidiano.
- Compatibilidad con la mayoría de dispositivos.
- Experiencia de usuario completa.
- Menor necesidad de intervención técnica posterior.

Este modelo resulta adecuado para:

- Equipos de oficina.
- Ordenadores personales.
- Entornos educativos.
- Pequeñas empresas.

La instalación estándar busca el equilibrio entre rendimiento y funcionalidad, evitando tanto la sobrecarga de software como la falta de herramientas básicas.

Sin embargo, puede incluir aplicaciones que no siempre se utilizan. En entornos corporativos es frecuente que los departamentos de TI eliminen posteriormente aquellos elementos innecesarios para optimizar el sistema.

6.3 INSTALACIONES PERSONALIZADAS

La instalación personalizada ofrece el mayor nivel de control sobre el sistema operativo. Permite al usuario o al administrador decidir qué componentes instalar, cómo organizar el almacenamiento y qué configuraciones aplicar desde el primer momento.

Esta modalidad es especialmente relevante en entornos profesionales donde cada equipo debe ajustarse a políticas tecnológicas específicas.

Entre las opciones que pueden configurarse destacan:

▼ Creación y distribución de particiones.

▼ Selección de funcionalidades del sistema.

▼ Integración en dominios corporativos.

▼ Configuración avanzada de seguridad.

▼ Instalación de controladores específicos.

▼ Eliminación de aplicaciones preinstaladas.

Las instalaciones personalizadas son habituales en:

▼ Grandes organizaciones.

▼ Servidores.

▼ Equipos con funciones críticas.

▼ Infraestructuras educativas o tecnológicas.

Aunque requiere mayores conocimientos técnicos, sus beneficios son significativos:

▼ Mejor adaptación al entorno de trabajo.

▼ Mayor control sobre la seguridad.

▼ Optimización del rendimiento.

▼ Reducción de software innecesario.

En muchos casos, las empresas utilizan **imágenes del sistema** previamente configuradas para desplegar instalaciones personalizadas de forma rápida en múltiples equipos.

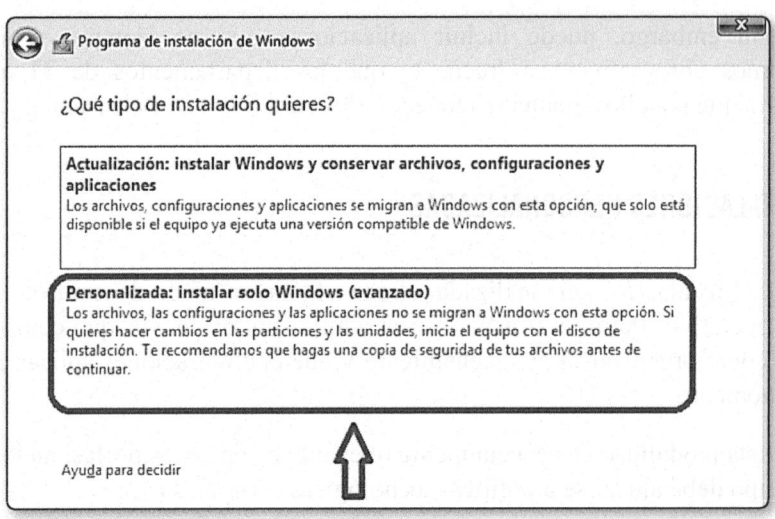

6.4 INSTALACIONES ATENDIDAS O DESATENDIDAS

La diferencia entre instalaciones atendidas y desatendidas radica principalmente en el grado de intervención humana durante el proceso.

6.5 INSTALACIONES ATENDIDAS

Una instalación atendida es aquella en la que el usuario o el técnico participan activamente en cada fase del proceso. Durante la instalación, el asistente solicita información como:

- Idioma del sistema.
- Tipo de teclado.
- Particiones del disco.
- Clave de producto.
- Creación de usuarios.
- Configuración de red.

Este modelo es habitual en:

- Equipos domésticos.
- Pequeñas oficinas.
- Ordenadores que requieren configuraciones específicas.
- Entornos de formación.

Su principal ventaja es el control total sobre cada decisión. Sin embargo, presenta algunos inconvenientes cuando se trabaja con grandes volúmenes de equipos, ya que resulta un proceso más lento y propenso a inconsistencias.

6.6 INSTALACIONES DESATENDIDAS

Las instalaciones desatendidas eliminan la necesidad de interacción humana mediante el uso de archivos de respuesta que contienen previamente todos los parámetros necesarios.

En el ecosistema Windows, esta automatización puede realizarse mediante herramientas como:

▶ Windows Deployment Services (WDS).

▶ Microsoft Deployment Toolkit (MDT).

▶ Windows Autopilot.

Entre sus principales beneficios destacan:

▶ Reducción significativa del tiempo de despliegue.

▶ Eliminación de errores manuales.

▶ Configuraciones homogéneas.

▶ Mayor eficiencia para departamentos de TI.

Este tipo de instalación es especialmente recomendable en organizaciones con múltiples equipos o cuando se requiere una rápida sustitución de dispositivos.

No obstante, exige una planificación previa y conocimientos técnicos más avanzados.

6.7 INSTALACIONES EN RED

La instalación en red permite desplegar un sistema operativo desde un servidor central hacia varios equipos cliente sin necesidad de utilizar medios físicos como memorias USB o discos externos.

Este procedimiento se basa normalmente en el arranque por red mediante tecnología **PXE (Preboot Execution Environment)**, que permite a un ordenador iniciar el proceso de instalación directamente desde la infraestructura de red.

Las ventajas principales son:

▶ Centralización del proceso de instalación.

▶ Ahorro de tiempo en entornos con numerosos equipos.

▶ Mayor control por parte de los administradores.

▶ Facilidad para aplicar políticas corporativas.

Las instalaciones en red son comunes en:

- Centros educativos.

- Grandes empresas.

- Administraciones públicas.

- Laboratorios informáticos.

Sin embargo, requieren una infraestructura adecuada, incluyendo:

- Servidor de despliegue.

- Red estable y de alta velocidad.

- Configuración correcta de permisos.

Cuando se implementan correctamente, permiten renovar parques informáticos completos con gran rapidez.

6.8 RESTAURACIÓN DE UNA IMAGEN

La restauración de una imagen del sistema es un procedimiento que permite recuperar un equipo hasta un estado previamente guardado. Una imagen contiene una copia exacta del sistema operativo, aplicaciones, configuraciones y, en muchos casos, datos.

Este recurso resulta fundamental para:

- Recuperar sistemas tras fallos críticos.

- Eliminar infecciones de malware.

- Restaurar configuraciones estandarizadas.

- Sustituir discos dañados.

El proceso suele ser más rápido que una instalación completa, ya que evita tener que configurar el sistema desde cero.

Existen dos enfoques principales:

Imagen completa del sistema

Permite restaurar el equipo exactamente como estaba en el momento de la copia.

Imagen corporativa

Se utiliza para desplegar configuraciones idénticas en múltiples dispositivos.

Para que la restauración sea eficaz, es imprescindible que las imágenes se mantengan actualizadas y almacenadas en ubicaciones seguras.

Además, es recomendable verificar periódicamente que pueden recuperarse correctamente.

6.9 VERIFICACIÓN DE LA INSTALACIÓN. PRUEBAS DE ARRANQUE Y PARADA

Una vez instalado el sistema operativo, no debe darse el proceso por finalizado sin realizar una verificación completa. Esta fase permite detectar errores tempranos y garantizar que el equipo está preparado para su uso.

Entre las comprobaciones más importantes se encuentran:

Prueba de arranque

Consiste en reiniciar el equipo para confirmar que el sistema carga correctamente sin mensajes de error.

Prueba de apagado

Verifica que el sistema puede cerrarse de forma segura sin bloqueos ni procesos pendientes.

Comprobación de dispositivos

Debe confirmarse que todos los componentes —tarjeta gráfica, sonido, red, impresoras— funcionan correctamente.

Validación de actualizaciones

Asegura que el sistema está protegido frente a vulnerabilidades conocidas.

Revisión del rendimiento

Permite detectar lentitud anómala o consumo excesivo de recursos.

Estas pruebas forman parte de las buenas prácticas profesionales y evitan incidencias posteriores.

Crear un **disco duro virtual (VHD o VHDX)** en Windows 11 es un procedimiento muy útil en entornos profesionales y formativos, ya que permite disponer de un espacio de almacenamiento independiente sin necesidad de instalar un nuevo dispositivo físico.

Se utiliza habitualmente para:

- Realizar pruebas sin afectar al sistema principal.
- Almacenar copias de seguridad.
- Separar información sensible.
- Simular entornos empresariales.
- Trabajar con máquinas virtuales.

Windows incorpora esta funcionalidad dentro de la herramienta **Administración de discos**, por lo que no es necesario instalar software adicional.

6.10 CREACIÓN DE UN DISCO DURO VIRTUAL

El primer paso consiste en abrir la consola desde la cual se gestionan las unidades de almacenamiento del sistema.

Procedimiento:

1. Hacer clic con el botón derecho sobre el botón **Inicio**.

2. Seleccionar la opción Almacenamiento.

3. Configuración avanzada de almacenamiento.

4. Discos y volúmenes.

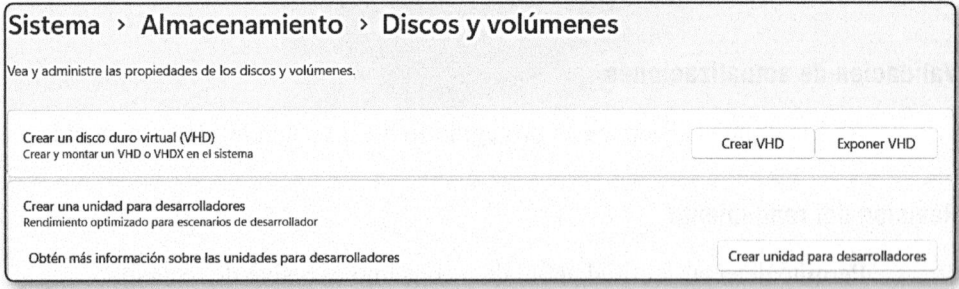

Sistema › Almacenamiento › Discos y volúmenes

Vea y administre las propiedades de los discos y volúmenes.

Crear un disco duro virtual (VHD)
Crear y montar un VHD o VHDX en el sistema   Crear VHD   Exponer VHD

Crear una unidad para desarrolladores
Rendimiento optimizado para escenarios de desarrollador

Obtén más información sobre las unidades para desarrolladores   Crear unidad para desarrolladores

(i) Nota didáctica

También puede accederse pulsando **Windows + X**, combinación especialmente utilizada por perfiles técnicos.

Creación del archivo de disco virtual

Una vez abierta la consola, debe utilizarse el menú superior:

Acción → Crear VHD

A continuación se abrirá una ventana de configuración.

▶ Configuración del disco virtual
En esta pantalla se definen los parámetros principales:

▶ Ubicación
Se recomienda guardarlo en un disco con suficiente espacio disponible.

▶ Tamaño

Debe establecerse según el uso previsto.

Para prácticas formativas, **50-100 GB** suele ser una capacidad adecuada.

▶ Formato

Existen dos opciones:

- **VHD**

  Compatible con versiones antiguas de Windows.

- **VHDX** (recomendado).

  – Mayor capacidad.

  – Mejor protección frente a fallos eléctricos.

  – Rendimiento optimizado.

▶ Tipo de asignación

- **Tamaño fijo**

  – Mayor rendimiento.

  – Creación más lenta.

- **Expansión dinámica**

  – Ocupa solo el espacio necesario.

  – Ideal para la mayoría de usuarios.

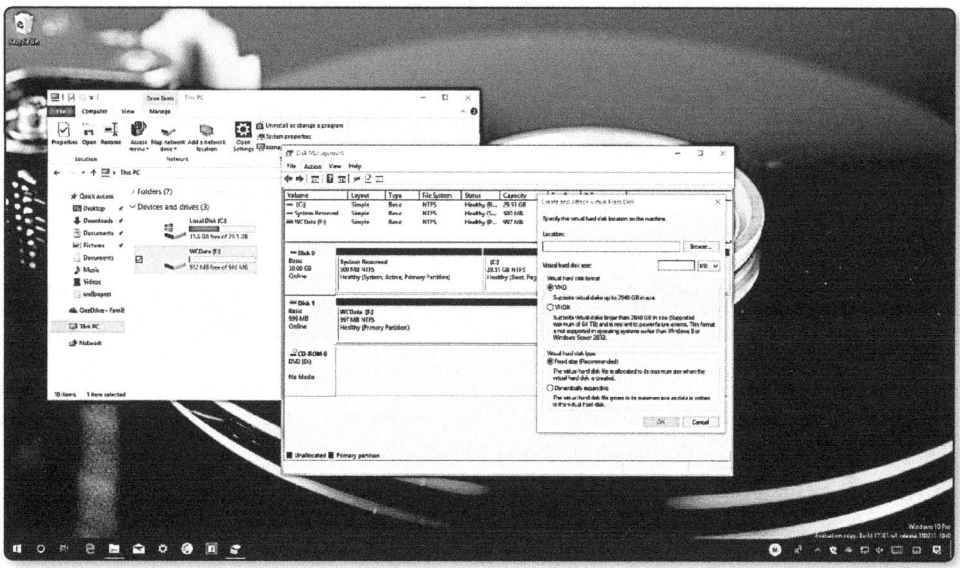

> ### ⓘ Recomendación
>
> Utilizar **VHDX + expansión dinámica**, salvo que se requiera máximo rendimiento.

Inicialización del disco virtual

Tras crearlo, el sistema lo detectará como un disco nuevo sin formato.

Será necesario inicializarlo.

Windows solicitará elegir un estilo de partición:

- ▸ **GPT (GUID Partition Table)** → opción recomendada.
- ▸ **MBR (Master Boot Record)** → solo para compatibilidad con sistemas antiguos.

Creación del volumen y formateo

El último paso consiste en convertir ese espacio no asignado en una unidad funcional.

Procedimiento:

1. Hacer clic derecho sobre el espacio no asignado.

2. Seleccionar **Nuevo volumen simple**.

3. Asignar una letra de unidad.

4. Elegir el sistema de archivos (generalmente **NTFS**).

Tras finalizar el asistente, el disco virtual aparecerá en el explorador y podrá utilizarse como cualquier otra unidad.

> ### ⓘ Recomendaciones
>
> ■ **U**bicar el VHD en un SSD.
>
> Mejora notablemente la velocidad de lectura y escritura.
> ■ **No** almacenar archivos críticos sin copia adicional.
>
> El VHD es un archivo; si se corrompe, se pierde todo su contenido.

Desmontarlo cuando no se utilice

Reduce el consumo de recursos.

Para desmontarlo:

Administración de discos → clic derecho → **Separar VHD.**

ACTIVIDADES

Actividad 1. Selección del tipo de instalación adecuado

Objetivo: desarrollar criterio técnico para elegir la modalidad de instalación más apropiada.

Desarrollo: analiza los siguientes escenarios y determina qué tipo de instalación sería más recomendable (mínima, estándar o personalizada):

- Un equipo antiguo destinado a tareas básicas.
- Un ordenador personal para uso doméstico.
- Un servidor empresarial con requisitos de seguridad elevados.

Justifica cada respuesta.

Resultado esperado: comprender que la elección del tipo de instalación influye directamente en el rendimiento y la funcionalidad.

Actividad 2. Comparativa entre instalación atendida y desatendida

Objetivo: identificar ventajas y limitaciones de cada modelo.

Desarrollo: elabora una tabla que incluya:

- Nivel de intervención humana.
- Tiempo de despliegue.
- Riesgo de errores.
- Escenarios de uso.

Pregunta de reflexión: ¿Por qué las grandes organizaciones prefieren instalaciones desatendidas?

Resultado esperado: reconocer la importancia de la automatización en entornos corporativos.

Actividad 3. Planificación de una instalación en red

Objetivo: entender los requisitos necesarios para desplegar sistemas desde un servidor.

Desarrollo: imagina que debes instalar el mismo sistema operativo en 30 equipos de un aula informática.

Indica qué elementos serían necesarios:

► Infraestructura de red.

► Servidor de despliegue.

► Permisos.

► Velocidad de conexión.

Resultado esperado: valorar la eficiencia de la instalación centralizada.

Actividad 4. Restauración mediante imagen del sistema

Objetivo: comprender la utilidad de las copias de imagen.

Desarrollo: investiga en qué situaciones sería recomendable restaurar una imagen del sistema en lugar de realizar una instalación completa.

Responde:

► ¿Qué ventajas ofrece?

► ¿Qué precauciones deben tomarse?

Resultado esperado: entender la restauración como estrategia de continuidad operativa.

Actividad 5. Creación de un disco duro virtual

Objetivo: conocer una alternativa flexible al almacenamiento físico.

Desarrollo: describe el procedimiento general para crear un disco duro virtual (VHD o VHDX) e indica:

- Formato recomendado.
- Tipo de asignación más habitual.
- Sistema de partición aconsejado.

Resultado esperado: relacionar esta herramienta con entornos de prueba y virtualización.

PREGUNTAS TIPO TEST

1. **¿Qué tipo de instalación incluye únicamente los componentes esenciales del sistema operativo?**
   a) Instalación personalizada.
   b) Instalación mínima.
   c) Instalación en red.
   d) Instalación desatendida.

2. **¿Cuál es la principal ventaja de una instalación estándar?**
   a) Elimina todos los servicios del sistema.
   b) Permite modificar el kernel.
   c) Ofrece un sistema listo para su uso cotidiano.
   d) Solo funciona sin conexión a Internet.

3. **¿Qué caracteriza a una instalación desatendida?**
   a) Requiere intervención constante del usuario.
   b) Utiliza archivos de respuesta para automatizar el proceso.
   c) Solo puede realizarse desde un DVD.
   d) No permite configuraciones previas.

4. ¿Qué tecnología permite iniciar la instalación de un sistema operativo desde la red?

a) NTFS.

b) BitLocker.

c) PXE.

d) FAT32.

5. ¿Cuál es la principal ventaja de restaurar una imagen del sistema?

a) Reduce la capacidad del disco.

b) Permite recuperar el equipo rápidamente sin configurarlo desde cero.

c) Elimina la necesidad de copias de seguridad.

d) Impide futuras actualizaciones.

RESPUESTAS

1. B.

2. C.

3. B.

4. C.

5. B.

7

REPLICACIÓN FÍSICA DE PARTICIONES Y DISCOS DUROS

La replicación física de particiones y discos duros es un procedimiento técnico que permite copiar de forma exacta la estructura y el contenido de una unidad de almacenamiento. Este proceso resulta fundamental en la administración de sistemas, ya que facilita la protección de la información, la recuperación ante fallos y el despliegue rápido de equipos con configuraciones homogéneas.

En entornos profesionales basados en **Windows 11**, la replicación se ha convertido en una práctica habitual para garantizar la continuidad del servicio y minimizar los tiempos de inactividad. Frente a una avería del disco o a un error crítico del sistema, disponer de una réplica permite restaurar la operatividad del equipo en un tiempo muy reducido.

Además, esta técnica no solo se utiliza como medida de seguridad, sino también como herramienta estratégica para la gestión eficiente de infraestructuras tecnológicas.

7.1 FUNCIONALIDAD Y OBJETIVOS DEL PROCESO DE REPLICACIÓN

El objetivo principal de la replicación es asegurar que la información y la configuración del sistema puedan recuperarse rápidamente ante cualquier incidente. Sin embargo, sus aplicaciones van mucho más allá de la simple copia de datos.

Entre los objetivos más relevantes se encuentran:

- Garantizar la disponibilidad de la información.

- Reducir el impacto de fallos hardware.

- Facilitar la recuperación tras ataques de malware o errores humanos.

- Permitir la migración a nuevos dispositivos sin pérdida de datos.

- Estandarizar configuraciones en múltiples equipos.

- Disminuir los tiempos de despliegue tecnológico.

La replicación puede aplicarse a distintos niveles:

- **Replicación de archivos:** copia únicamente los datos seleccionados.

- **Replicación de particiones:** duplica una unidad lógica completa.

- **Replicación de discos:** genera una copia exacta de todo el dispositivo, incluyendo el sistema operativo, aplicaciones y configuraciones.

Esta última es la más completa y la más utilizada cuando se requiere una recuperación total del sistema.

Es importante destacar que la replicación debe formar parte de una política de seguridad planificada, no ser una acción puntual. Las organizaciones suelen establecer calendarios periódicos de copia para mantener la información actualizada.

7.2 PROGRAMAS DE COPIA DE SEGURIDAD

Los programas de copia de seguridad —también conocidos como software de backup— son herramientas diseñadas para automatizar el proceso de protección de datos. Permiten crear copias programadas sin necesidad de intervención constante por parte del usuario.

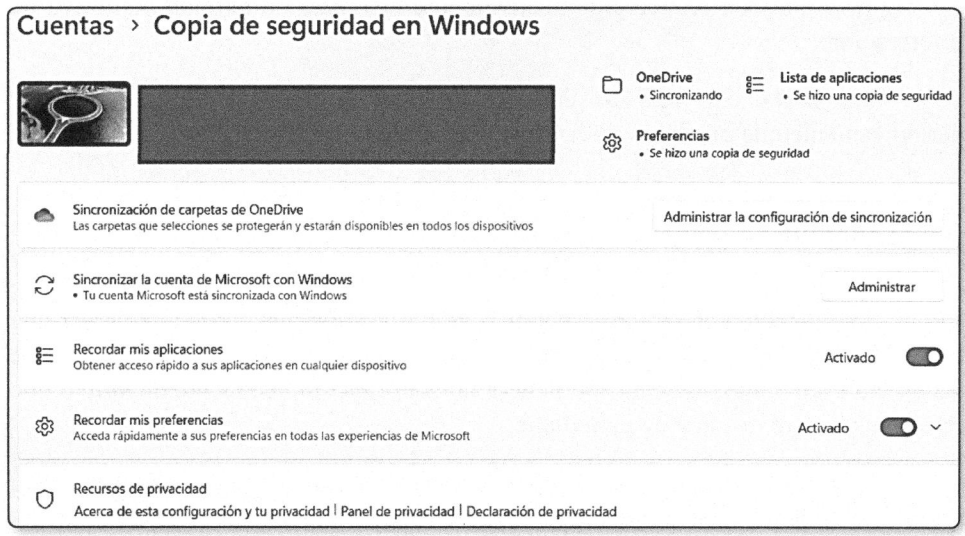

Windows 11 incorpora soluciones propias, como:

- **Historial de archivos**, orientado a la protección de documentos personales.

- **Copia de seguridad de Windows**, que permite guardar configuraciones y datos en la nube.

- **Creación de imágenes del sistema**, útil para restauraciones completas.

Además, existen numerosas soluciones profesionales que ofrecen funcionalidades avanzadas, como:

- Copias incrementales y diferenciales.
- Compresión de datos para ahorrar espacio.
- Cifrado para proteger la información.
- Programación automática.
- Restauración selectiva.

Una estrategia de copia eficaz suele basarse en la conocida regla **3-2-1**:

- Mantener al menos tres copias de los datos.
- Utilizar dos soportes diferentes.
- Guardar una copia en una ubicación externa o en la nube.

Este enfoque reduce significativamente el riesgo de pérdida definitiva de información.

No basta con realizar copias; también es imprescindible comprobar periódicamente que pueden restaurarse correctamente.

7.3 CLONACIÓN

La clonación es un tipo específico de replicación que consiste en crear una copia idéntica de un disco duro o de una partición. A diferencia de una copia de seguridad tradicional, la clonación genera un soporte completamente operativo que puede sustituir al original de inmediato.

Esto significa que, si el disco principal falla, el clon puede utilizarse para arrancar el sistema sin necesidad de reinstalar nada.

Las situaciones más habituales en las que se utiliza la clonación son:

- Sustitución de discos mecánicos (HDD) por unidades de estado sólido (SSD).
- Renovación de equipos informáticos.
- Implementación de configuraciones estándar en empresas.
- Creación de entornos de prueba.

Entre sus principales ventajas destacan:

- Recuperación casi inmediata ante fallos.
- Eliminación de procesos de reinstalación.
- Conservación íntegra de configuraciones.
- Ahorro de tiempo en despliegues masivos.

Sin embargo, también requiere ciertas precauciones:

- El disco de destino debe tener capacidad suficiente.
- Es recomendable evitar el uso del equipo durante la clonación.
- Debe verificarse la integridad de la copia tras finalizar el proceso.

Actualmente, muchas herramientas permiten clonar discos incluso hacia unidades de menor tamaño siempre que el espacio ocupado lo permita, lo que facilita la migración a dispositivos más rápidos.

Diferencia entre copia de seguridad y clonación

Aunque ambos procesos persiguen la protección de la información, presentan diferencias importantes.

La copia de seguridad se orienta principalmente a preservar los datos para poder restaurarlos en caso necesario. No suele ser arrancable por sí misma.

La clonación, en cambio, crea una unidad completamente funcional que puede utilizarse inmediatamente.

En términos generales:

- **Backup:** protección de datos.
- **Clonación:** continuidad operativa.

Lo más recomendable en entornos profesionales es combinar ambas estrategias para lograr una protección integral.

Copia de seguridad	Clonación
Solo archivos y carpetas	Unidad completa
Imagen comprimida	Copia exacta
Archivo único	Sin archivo intermedio
Permite múltiples copias	Sobrescribe el destino

7.4 IMPORTANCIA DE LA REPLICACIÓN EN LA GESTIÓN MODERNA DE SISTEMAS

La replicación física de discos y particiones es una práctica esencial dentro de cualquier política tecnológica orientada a la seguridad y la continuidad del negocio. No se trata únicamente de prevenir pérdidas, sino de garantizar que la actividad pueda mantenerse incluso ante situaciones críticas.

Un sistema sin estrategia de replicación es un sistema vulnerable.

Por ello, cada vez más organizaciones integran estos procedimientos dentro de sus planes de contingencia, conscientes de que la información es uno de sus activos más valiosos.

Dominar estas técnicas permite a los profesionales informáticos actuar con rapidez, minimizar riesgos y asegurar entornos de trabajo estables y confiables.

7.5 SEGURIDAD Y PREVENCIÓN EN EL PROCESO DE REPLICACIÓN

La replicación de discos y particiones es un procedimiento crítico dentro de la administración de sistemas, ya que implica trabajar directamente con la estructura de almacenamiento donde reside el sistema operativo y la información corporativa o personal. Por este motivo, cualquier error durante el proceso puede provocar pérdidas de datos, fallos de arranque o incluso la inutilización del equipo. Aplicar medidas de seguridad y prevención resulta, por tanto, imprescindible.

Antes de iniciar cualquier proceso de replicación es recomendable realizar una copia de seguridad adicional de la información más importante. Aunque la clonación suele ser un procedimiento fiable, factores como cortes de energía, desconexiones accidentales o errores del software pueden interrumpir el proceso.

Entre las principales medidas preventivas se encuentran:

▶ Verificar el estado del disco origen mediante herramientas de diagnóstico. Un disco con sectores defectuosos puede generar una copia corrupta.

▶ Comprobar que el disco destino dispone de capacidad suficiente y es compatible con el sistema.

▶ Utilizar fuentes de alimentación estables o sistemas de alimentación ininterrumpida (SAI) para evitar apagados inesperados.

▶ Cerrar aplicaciones en ejecución para impedir conflictos durante la clonación.

▶ Confirmar cuidadosamente qué disco es el origen y cuál el destino antes de iniciar el proceso.

Uno de los errores más graves consiste en invertir el orden de los discos, lo que puede provocar el borrado irreversible de la información original.

Asimismo, es aconsejable realizar la replicación en momentos de baja actividad del sistema, especialmente en entornos empresariales donde los equipos forman parte de una red. Esto reduce el riesgo de interferencias y mejora la velocidad del proceso.

Una vez finalizada la replicación, debe comprobarse que el disco clonado arranca correctamente y que los archivos son accesibles. Esta verificación evita descubrir problemas cuando la copia ya es necesaria.

La seguridad también implica proteger la información replicada. Si el disco contiene datos sensibles, debe almacenarse en un lugar seguro y, preferiblemente, cifrado para evitar accesos no autorizados.

En definitiva, la prevención convierte la replicación en un proceso fiable y garantiza que la copia cumpla su verdadera función: permitir la recuperación rápida del sistema.

7.6 PARTICIONES DE DISCOS

Una partición es una división lógica de un disco duro que permite organizar el almacenamiento en espacios independientes. Aunque físicamente el disco sea un único dispositivo, el sistema operativo puede reconocer cada partición como si se tratara de unidades diferentes.

Esta organización facilita la gestión de la información y mejora la seguridad de los datos. Por ejemplo, es posible instalar el sistema operativo en una partición y almacenar los documentos en otra, de modo que, si el sistema falla, los archivos personales permanezcan intactos.

En Windows 11, las particiones pueden visualizarse y administrarse mediante la herramienta **Administración de discos**, que permite crear, eliminar, redimensionar o formatear unidades de forma relativamente sencilla.

El uso de particiones presenta varias ventajas:

▼ Mejora la organización de los datos.

▼ Permite instalar varios sistemas operativos en un mismo equipo.

▼ Facilita la realización de copias de seguridad selectivas.

▼ Reduce el riesgo de pérdida total de información.

▼ Optimiza el rendimiento en determinados escenarios.

Sin embargo, una planificación incorrecta puede generar problemas de espacio o dificultar futuras ampliaciones. Por ello, es recomendable diseñar la estructura de particiones antes de instalar el sistema operativo.

Una práctica habitual consiste en separar:

▶ Partición del sistema.

▶ Partición de programas.

▶ Partición de datos.

▶ Partición de recuperación.

Este modelo favorece el mantenimiento del equipo y simplifica las tareas de restauración.

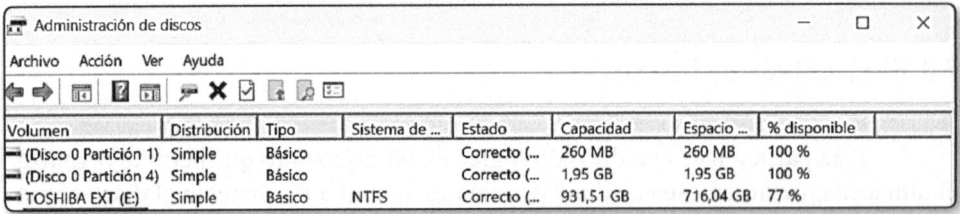

7.7 TIPOS DE PARTICIONES

Los discos pueden estructurarse en distintos tipos de particiones, cada una con funciones específicas dentro del sistema. Conocer estas diferencias permite tomar decisiones más acertadas durante la instalación o la replicación.

Partición primaria

Es la partición principal desde la que puede arrancar el sistema operativo. Tradicionalmente, los discos con esquema MBR permitían hasta cuatro particiones primarias, aunque los sistemas modernos basados en GPT amplían considerablemente este límite.

La partición primaria suele contener los archivos necesarios para el inicio del sistema.

Partición extendida

Se creó para superar la limitación del número de particiones primarias. Actúa como un contenedor dentro del cual pueden crearse múltiples particiones lógicas.

No se utiliza directamente para almacenar el sistema, sino como estructura organizativa.

Particiones lógicas

Se encuentran dentro de la partición extendida y funcionan como unidades independientes. Son adecuadas para almacenar datos, copias de seguridad o aplicaciones.

Permiten una organización flexible del espacio sin necesidad de crear nuevas particiones primarias.

Partición del sistema

Contiene los archivos esenciales para el arranque del equipo, como el gestor de inicio. En sistemas modernos con firmware UEFI suele corresponder a la **partición EFI**, imprescindible para iniciar Windows 11.

Partición de recuperación

Incluye herramientas que permiten restaurar el sistema a su estado original en caso de fallo grave. Muchos fabricantes la incorporan de forma predeterminada.

Eliminar esta partición puede impedir la recuperación automática del equipo.

Particiones GPT frente a MBR

Actualmente, el estándar recomendado es **GPT (GUID Partition Table)**, ya que ofrece importantes ventajas frente al antiguo esquema **MBR (Master Boot Record)**:

- Permite discos de mayor capacidad.
- Admite un número muy superior de particiones.
- Mejora la fiabilidad mediante copias de la tabla de particiones.
- Es compatible con sistemas UEFI, necesarios para aprovechar todas las funciones de Windows 11.

Por estas razones, GPT se considera la opción más adecuada para equipos modernos.

Comprender los distintos tipos de particiones no solo ayuda a organizar mejor el almacenamiento, sino que también facilita procesos como la clonación, la migración de discos o la recuperación ante fallos.

7.8 HERRAMIENTAS DE GESTIÓN

Las herramientas de gestión son aplicaciones diseñadas para facilitar la administración, supervisión y mantenimiento de los sistemas informáticos. En entornos actuales basados en **Windows 11**, estas herramientas permiten a los profesionales de TI controlar el estado de los equipos, optimizar recursos, automatizar tareas y reducir la probabilidad de incidencias.

Una gestión eficaz no solo mejora el rendimiento del sistema, sino que también refuerza la seguridad y prolonga la vida útil del hardware. Por ello, el conocimiento de estas herramientas constituye una competencia fundamental dentro de la administración de sistemas microinformáticos.

Windows 11 incorpora numerosas utilidades que permiten realizar tareas de gestión sin necesidad de instalar software adicional.

Entre las más relevantes destacan:

Administrador de tareas

Permite supervisar procesos en ejecución, consumo de CPU, memoria y red. Es especialmente útil para detectar aplicaciones que ralentizan el sistema o identificar comportamientos anómalos.

Administrador de dispositivos

Facilita la visualización y control del hardware instalado. Desde esta herramienta es posible actualizar controladores, habilitar o deshabilitar dispositivos y diagnosticar conflictos.

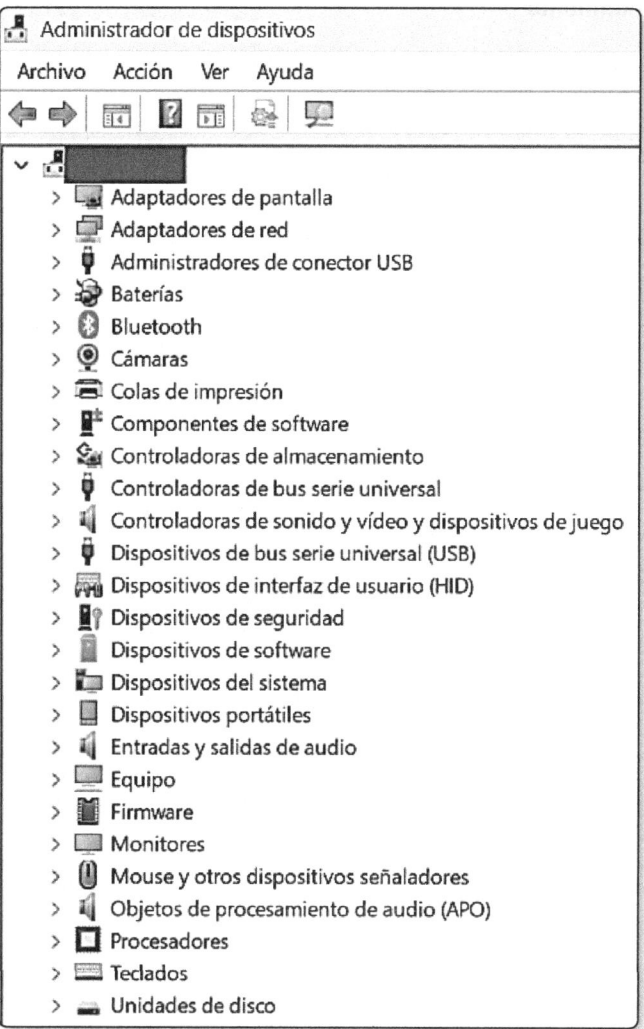

Administración de discos

Permite crear, eliminar o modificar particiones, asignar letras de unidad y preparar nuevos discos para su uso.

Visor de eventos

Registra sucesos del sistema, advertencias y errores. Su consulta resulta clave para el diagnóstico de problemas.

Monitor de rendimiento

Ofrece información detallada sobre el uso de recursos, ayudando a detectar cuellos de botella.

Herramientas de administración remota

En entornos profesionales, permiten gestionar equipos sin necesidad de acceso físico, optimizando el tiempo de intervención.

El uso combinado de estas herramientas proporciona una visión global del sistema y permite actuar de forma preventiva antes de que aparezcan fallos críticos.

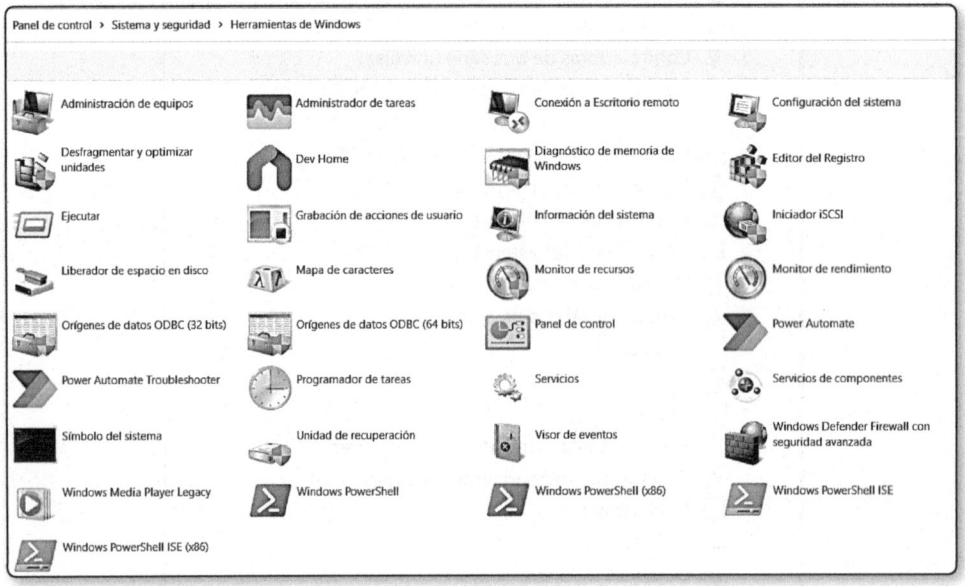

7.9 HERRAMIENTAS DE CREACIÓN E IMPLANTACIÓN DE IMÁGENES Y RÉPLICAS DE SISTEMAS

La creación de imágenes y réplicas es una práctica habitual en la gestión moderna de infraestructuras informáticas. Estas herramientas permiten capturar la configuración completa de un equipo —incluyendo sistema operativo, aplicaciones y ajustes— para reproducirla posteriormente en uno o varios dispositivos.

Este procedimiento resulta especialmente valioso cuando se requiere desplegar múltiples equipos con la misma configuración o restaurar sistemas tras fallos graves.

7.10 HERRAMIENTAS PROFESIONALES DE TERCEROS

Existen soluciones especializadas que amplían las funcionalidades disponibles:

- Software de clonación de discos.
- Plataformas de gestión centralizada de imágenes.
- Herramientas de virtualización.
- Sistemas de backup corporativo.

Estas aplicaciones suelen incluir opciones como compresión, cifrado, programación automática y restauración selectiva.

Seleccionar la herramienta adecuada depende de factores como el tamaño de la organización, el número de equipos y el nivel de automatización deseado.

7.11 ORÍGENES DE INFORMACIÓN

El origen de la información hace referencia a la fuente desde la cual se obtienen los datos necesarios para crear una imagen o réplica del sistema. Identificar correctamente estas fuentes es fundamental para garantizar que la copia resultante sea completa, fiable y funcional.

Entre los principales orígenes se encuentran:

Equipo maestro o de referencia

Se trata de un ordenador configurado con el sistema operativo, aplicaciones corporativas y ajustes deseados. A partir de este equipo se genera la imagen que se replicará en el resto de dispositivos.

Este enfoque garantiza la estandarización de los entornos de trabajo.

Repositorios de red

Muchas organizaciones almacenan imágenes en servidores centrales para facilitar su distribución.

Copias de seguridad previas

Pueden utilizarse como base para restauraciones rápidas.

Almacenamiento en la nube

Ofrece disponibilidad remota y protección frente a desastres físicos.

Es fundamental comprobar que la información origen esté actualizada y libre de errores. Replicar un sistema defectuoso implica multiplicar el problema en todos los equipos destino.

Por ello, antes de capturar una imagen se recomienda:

▼ Eliminar archivos innecesarios.

▼ Instalar actualizaciones.

▼ Revisar controladores.

▼ Analizar el sistema en busca de malware.

La calidad de la réplica dependerá directamente de la calidad del origen.

7.12 PROCEDIMIENTOS DE IMPLANTACIÓN DE IMÁGENES Y RÉPLICAS DE SISTEMAS

La implantación consiste en aplicar una imagen previamente creada sobre uno o varios equipos para dejarlos operativos en el menor tiempo posible. Este proceso debe seguir una metodología estructurada que garantice resultados consistentes.

Fases habituales del procedimiento

1. **Preparación del equipo maestro**
   Se configura el sistema con todas las aplicaciones y ajustes necesarios.

2. **Creación de la imagen**
   Se captura el estado del sistema mediante herramientas especializadas.

3. **Almacenamiento seguro**

La imagen debe guardarse en un soporte fiable para evitar daños o pérdidas.

4. **Despliegue en los equipos destino**

Puede realizarse mediante medios físicos o a través de la red.

5. **Configuración posterior**

Incluye la asignación de nombres de equipo, direcciones IP o usuarios.

6. **Verificación final**

Se comprueba que el sistema funciona correctamente.

Este procedimiento aporta ventajas significativas:

- Reduce el tiempo de instalación.
- Garantiza configuraciones uniformes.
- Minimiza errores humanos.
- Facilita el mantenimiento.

No obstante, también exige planificación y pruebas previas para evitar incompatibilidades.

En organizaciones grandes, estos procesos suelen automatizarse para permitir despliegues simultáneos en decenas o cientos de equipos.

7.13 IMPORTANCIA ESTRATÉGICA DE ESTAS HERRAMIENTAS

La utilización de herramientas de gestión y de implantación de imágenes representa un cambio de enfoque en la administración informática. Se pasa de un modelo reactivo —resolver problemas cuando aparecen— a un modelo preventivo y planificado.

Implementar estas prácticas permite:

- Mejorar la eficiencia operativa.
- Reducir costes de mantenimiento.
- Aumentar la seguridad.
- Garantizar la continuidad del servicio.

En definitiva, dominar estos recursos es esencial para cualquier profesional responsable de la administración de sistemas modernos.

ACTIVIDADES

Actividad 1. Distinguir copia de seguridad y clonación

Objetivo: diferenciar ambos procedimientos y elegir el más adecuado según el caso.

Desarrollo: a partir de estos escenarios, indica si conviene **backup**, **clonación** o ambos, y justifica la decisión:

▶ Migración de HDD a SSD en un equipo de oficina.

▶ Protección de documentos críticos ante borrados accidentales.

▶ Recuperación rápida tras fallo del disco del sistema.

▶ Despliegue de 20 equipos idénticos en un aula.

Actividad 2. Aplicación de la regla 3-2-1

Objetivo: diseñar una estrategia de protección de datos realista.

Desarrollo: elabora un plan 3-2-1 para un profesional que trabaja con documentación importante. Debe incluir:

▶ 3 copias (indica cuáles).

▶ 2 soportes diferentes (ej.: sSD externo, NAS, nube, etc.).

▶ 1 copia externa (fuera del equipo).

▶ Añade periodicidad (diaria/semanal/mensual).

Actividad 3. Planificación de particiones para facilitar la recuperación

Objetivo: organizar el disco para minimizar pérdidas ante incidencias.

Desarrollo: propón una estructura de particiones para un disco de 512 GB o 1 TB, separando:

- Partición del sistema.
- Partición de datos.
- (Opcional) partición de copias/recuperación...
- Explica la ventaja de reinstalar Windows sin afectar a los datos.

Actividad 4. Checklist de seguridad antes de clonar

Objetivo: prevenir errores críticos durante la replicación.

Desarrollo: crea una lista de verificación con al menos 10 puntos que incluya:

- Diagnóstico del disco origen.
- Capacidad del disco destino.
- Confirmación de "origen/destino".
- Alimentación estable (SAI si procede).
- Cierre de aplicaciones.
- Verificación posterior de arranque.

Actividad 5. Simulación de administración en Windows 11

Objetivo: localizar herramientas de gestión y describir su uso.

Desarrollo: identifica qué herramienta usarías para cada caso y explica el motivo:

- Ver procesos que consumen demasiada CPU.
- Revisar errores críticos del sistema.
- Gestionar particiones/volúmenes.
- Actualizar un controlador de red.
- Detectar cuellos de botella de rendimiento.

PREGUNTAS TIPO TEST

1. **¿Qué define mejor la clonación de un disco?**
   a) Copia solo archivos seleccionados.
   b) Crea una copia idéntica y operativa del disco o partición.
   c) Comprime documentos para ahorrar espacio.
   d) Solo funciona con almacenamiento en la nube.

1. **¿Cuál es una diferencia clave entre backup y clonación?**
   a) El backup siempre es arrancable.
   b) La clonación solo guarda documentos.
   c) El backup se orienta a proteger datos; la clonación a continuidad operativa.
   d) No existe ninguna diferencia.

1. **¿Qué riesgo es especialmente crítico durante una clonación?**
   a) Que el monitor se apague.
   b) Invertir el disco origen y el disco destino.
   c) Tener el ratón desconectado.
   d) Que el teclado sea inalámbrico.

1. **¿Qué esquema de particiones se recomienda en equipos modernos con Windows 11 por compatibilidad con UEFI?**
   a) FAT32.
   b) MBR.
   c) GPT.
   d) ext4.

1. **Según la regla 3-2-1, ¿qué significa el "1"?**
   a) Guardar una sola copia en el mismo disco.
   b) Mantener una copia en una ubicación externa o fuera del equipo.
   c) Hacer una copia al año.
   d) Usar un único soporte de almacenamiento.

RESPUESTAS

1. B.   4. C.
2. C.   5. B.
3. B.

8

ACTUALIZACIÓN DEL SISTEMA OPERATIVO INFORMÁTICO

La actualización del sistema operativo es una tarea fundamental para garantizar el correcto funcionamiento de los equipos informáticos, así como para mantener adecuados niveles de seguridad, estabilidad y compatibilidad con el software más reciente. En el caso de **Windows 11**, la política de actualizaciones se ha convertido en un elemento clave del mantenimiento del sistema, ya que Microsoft introduce mejoras continuas orientadas a optimizar el rendimiento, corregir vulnerabilidades y adaptar el sistema a las nuevas necesidades tecnológicas.

Mantener el sistema operativo actualizado no solo protege frente a amenazas externas, sino que también permite aprovechar nuevas funcionalidades, mejorar la experiencia de usuario y asegurar la interoperabilidad con periféricos y aplicaciones. En entornos profesionales, la actualización forma parte de las políticas de administración de sistemas y se integra dentro de los planes de mantenimiento preventivo.

Antes de proceder a una actualización, es recomendable comprobar la compatibilidad del hardware, verificar que existe suficiente espacio en el disco y realizar una copia de seguridad de la información crítica. Estas medidas minimizan el riesgo de pérdida de datos y facilitan la recuperación ante posibles incidencias.

8.1 CLASIFICACIÓN DE LAS FUENTES DE ACTUALIZACIÓN

Las fuentes de actualización son los canales a través de los cuales se distribuyen las mejoras del sistema operativo. Conocerlas permite seleccionar el método más adecuado en función del entorno de trabajo, ya sea doméstico, educativo o corporativo.

Entre las principales fuentes de actualización destacan:

Actualizaciones oficiales del fabricante

Son las proporcionadas directamente por Microsoft a través de sus servidores. Constituyen la vía más segura, ya que han sido verificadas y probadas para garantizar su estabilidad.

Repositorios corporativos

En organizaciones de tamaño medio o grande es habitual utilizar servidores internos que centralizan las actualizaciones. Este sistema permite a los administradores controlar qué versiones se instalan y cuándo hacerlo, evitando interrupciones en la actividad laboral.

Centros de descarga autorizados

Microsoft ofrece catálogos oficiales desde los que es posible descargar manualmente paquetes de actualización, controladores o parches específicos. Este método resulta útil cuando se necesita instalar una actualización concreta sin depender del sistema automático.

Actualizaciones de controladores y firmware

Además del sistema operativo, muchos fabricantes de hardware publican actualizaciones para mejorar el funcionamiento de dispositivos como tarjetas gráficas, adaptadores de red o unidades de almacenamiento. En Windows 11, muchas de estas actualizaciones se integran en el propio sistema de actualización.

Seleccionar fuentes fiables es esencial para evitar software malicioso o versiones manipuladas que puedan comprometer la seguridad del equipo.

8.2 ACTUALIZACIÓN AUTOMÁTICA

Windows 11 incorpora un sistema de actualización automática diseñado para simplificar el mantenimiento del equipo y reducir la intervención del usuario. Este mecanismo descarga e instala las actualizaciones en segundo plano, garantizando que el sistema permanezca protegido frente a vulnerabilidades recientes.

El servicio responsable de este proceso es **Windows Update**, accesible desde la configuración del sistema. Entre sus principales funciones se encuentran:

- ⚑ Detectar nuevas actualizaciones disponibles.

- ⚑ Descargar los archivos necesarios.

- ⚑ Instalar parches de seguridad y mejoras del sistema.

- ⚑ Programar reinicios cuando sea necesario.

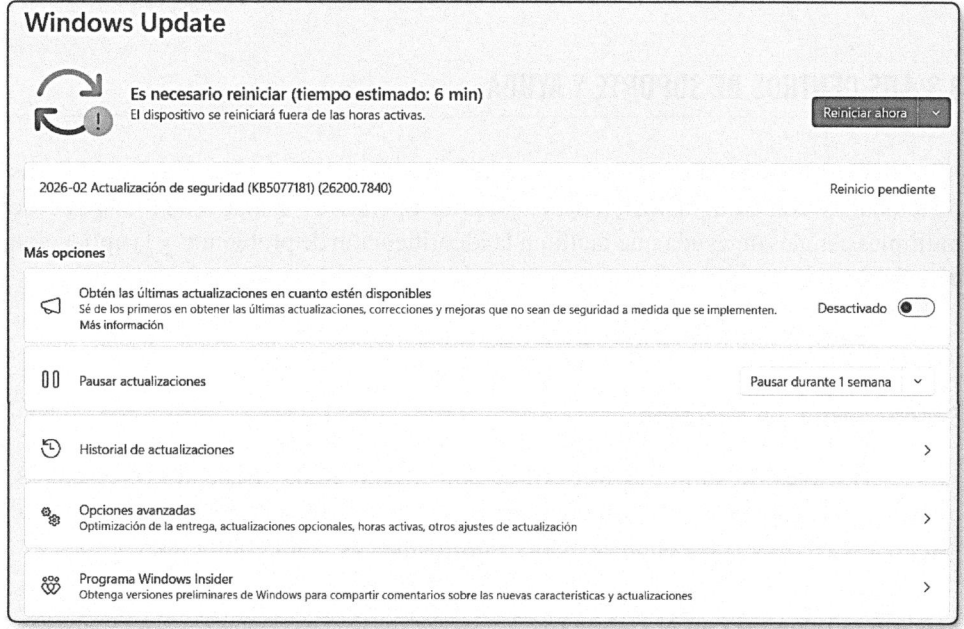

Una de las ventajas de la actualización automática es que minimiza el riesgo de que el equipo quede expuesto a amenazas por falta de mantenimiento. No obstante, en entornos profesionales puede ser recomendable configurar horarios activos para evitar reinicios durante la jornada laboral.

Windows 11 también permite pausar temporalmente las actualizaciones, una opción útil cuando se están realizando tareas críticas o presentaciones. Sin embargo, esta pausa debe ser limitada, ya que retrasar las actualizaciones puede aumentar la exposición a riesgos de seguridad.

Además, el sistema clasifica las actualizaciones en distintos tipos:

▶ **Actualizaciones de seguridad**, destinadas a corregir vulnerabilidades.

▶ **Actualizaciones acumulativas**, que incluyen mejoras y correcciones previas.

▶ **Actualizaciones de características**, que introducen nuevas funciones.

▶ **Actualizaciones opcionales**, como ciertos controladores.

Comprender esta clasificación ayuda a valorar la importancia de cada actualización y a planificar su instalación de forma adecuada.

8.3 LOS CENTROS DE SOPORTE Y AYUDA

El soporte técnico constituye un recurso esencial para resolver incidencias relacionadas con la actualización del sistema operativo. Windows 11 dispone de múltiples canales de ayuda que facilitan la identificación de problemas y la aplicación de soluciones.

Entre los principales recursos destacan:

Soporte oficial de Microsoft

A través de su portal web, Microsoft ofrece guías, asistentes interactivos, documentación técnica y herramientas de diagnóstico. Este servicio es especialmente útil para resolver errores de instalación o problemas de compatibilidad.

Asistencia integrada en el sistema

Windows incluye herramientas como el solucionador de problemas de Windows Update, capaz de detectar fallos comunes y aplicar correcciones automáticas.

Comunidades técnicas y foros especializados

Existen comunidades de usuarios y profesionales donde se comparten experiencias y soluciones. Aunque resultan útiles, es importante contrastar la información y priorizar siempre las fuentes oficiales.

Soporte empresarial

Las organizaciones suelen disponer de departamentos de TI o contratos de soporte que permiten gestionar incidencias de forma rápida y centralizada.

Recurrir a los centros de soporte no solo facilita la resolución de problemas, sino que también contribuye a mejorar el conocimiento técnico del usuario, favoreciendo una gestión más autónoma del sistema.

8.4 IMPORTANCIA DE UNA POLÍTICA DE ACTUALIZACIÓN

La actualización del sistema operativo debe entenderse como un proceso continuo y planificado. No se trata de una acción puntual, sino de una práctica de mantenimiento imprescindible para prolongar la vida útil de los equipos y garantizar un entorno de trabajo seguro.

Una política adecuada de actualizaciones permite:

- Reducir vulnerabilidades de seguridad.
- Mejorar el rendimiento del sistema.
- Garantizar la compatibilidad con nuevas aplicaciones.
- Optimizar la estabilidad del equipo.
- Facilitar la administración en entornos corporativos.

En definitiva, mantener actualizado **Windows 11** es una de las prácticas más sencillas y eficaces para asegurar la fiabilidad del sistema informático. Su correcta gestión forma parte de las competencias básicas que debe adquirir cualquier profesional que trabaje con equipos informáticos.

8.5 PROCEDIMIENTOS DE ACTUALIZACIÓN

Los procedimientos de actualización constituyen el conjunto de acciones planificadas que permiten mantener el sistema operativo y sus componentes en condiciones óptimas de funcionamiento. En entornos actuales, caracterizados por la rápida evolución tecnológica y la creciente sofisticación de las amenazas informáticas, actualizar un sistema no es una tarea opcional, sino una actividad esencial dentro del mantenimiento preventivo.

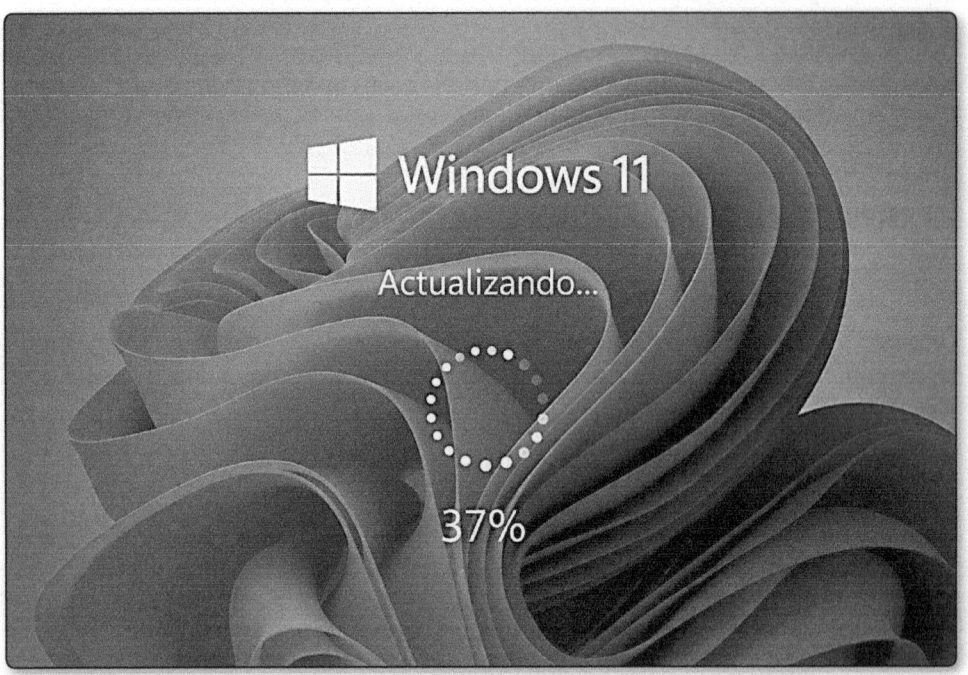

En el caso de **Windows 11**, los procedimientos de actualización han sido diseñados para ser más seguros, automatizados y transparentes para el usuario, aunque siguen requiriendo supervisión, especialmente en contextos profesionales o corporativos.

Un procedimiento de actualización eficaz debe seguir una secuencia lógica que minimice riesgos y garantice la continuidad operativa del equipo.

1. Evaluación previa del sistema

Antes de iniciar cualquier actualización es fundamental comprobar el estado general del equipo. Esto implica verificar:

- Espacio disponible en el disco.
- Nivel de batería en equipos portátiles o conexión a la red eléctrica.
- Compatibilidad del hardware.
- Existencia de controladores actualizados.
- Funcionamiento correcto del sistema.

Esta evaluación reduce la probabilidad de fallos durante la instalación.

2. Copia de seguridad de la información

Aunque las actualizaciones modernas suelen ser seguras, siempre existe la posibilidad de errores imprevistos. Por ello, es recomendable realizar una copia de seguridad de los datos críticos mediante herramientas como:

- Historial de archivos de Windows.
- Copias en la nube (OneDrive).
- Imágenes del sistema.
- Discos externos.

La copia de seguridad garantiza que la información pueda recuperarse rápidamente ante cualquier incidencia.

3. Selección del tipo de actualización

No todas las actualizaciones tienen el mismo impacto. Algunas corrigen pequeños errores, mientras que otras modifican componentes esenciales del sistema.

El usuario o administrador debe decidir si conviene:

- Instalar la actualización inmediatamente.
- Programarla fuera del horario laboral.
- Probarla primero en un entorno de pruebas.

Este criterio es especialmente relevante en organizaciones donde una actualización defectuosa podría afectar a múltiples usuarios.

4. Descarga de la actualización

La descarga debe realizarse desde fuentes oficiales para evitar riesgos de seguridad. Windows 11 gestiona este proceso automáticamente mediante Windows Update, aunque también puede hacerse manualmente desde el catálogo de Microsoft.

Durante la descarga es aconsejable mantener una conexión estable para evitar archivos corruptos.

5. Instalación

La instalación puede requerir uno o varios reinicios. En esta fase es importante:

- No apagar el equipo.
- No interrumpir el proceso.
- Evitar ejecutar programas exigentes.

Interrumpir una actualización puede provocar errores graves en el sistema.

6. Verificación posterior

Una vez instalada la actualización, conviene comprobar que:

- El sistema arranca correctamente.
- Los dispositivos funcionan con normalidad.
- Las aplicaciones habituales se ejecutan sin problemas.
- No se han modificado configuraciones críticas.

Si se detecta alguna anomalía, Windows permite desinstalar ciertas actualizaciones o restaurar el sistema a un punto anterior.

7. Documentación del proceso

En entornos profesionales es habitual registrar:

- Fecha de actualización.
- Versión instalada.
- Incidencias detectadas.
- Soluciones aplicadas.

Esta información facilita auditorías y futuras intervenciones técnicas.

En definitiva, seguir un procedimiento estructurado transforma la actualización en un proceso controlado y seguro, evitando improvisaciones que puedan comprometer la estabilidad del equipo.

8.6 ACTUALIZACIÓN DE SISTEMAS OPERATIVOS

Actualizar el sistema operativo implica incorporar mejoras que afectan al núcleo del sistema, a la seguridad y a la experiencia de usuario. Windows 11 adopta un modelo de actualización continua, lo que significa que el sistema evoluciona sin necesidad de reinstalaciones completas frecuentes.

Las actualizaciones del sistema operativo pueden clasificarse en varios niveles.

Actualizaciones de seguridad

Son prioritarias, ya que corrigen vulnerabilidades que podrían ser explotadas por software malicioso. Su instalación inmediata es altamente recomendable.

Actualizaciones acumulativas

Incluyen mejoras anteriores junto con nuevas correcciones, simplificando el mantenimiento al evitar instalaciones múltiples.

Actualizaciones de características

Introducen nuevas funciones, cambios en la interfaz o mejoras de rendimiento. Suelen publicarse una o dos veces al año.

Actualizaciones críticas

Se aplican cuando existe un riesgo significativo para el sistema o los datos.

8.7 VENTAJAS DE MANTENER ACTUALIZADO EL SISTEMA OPERATIVO

▸ Mayor protección frente a amenazas.

▸ Mejor rendimiento general.

▸ Compatibilidad con hardware reciente.

▸ Acceso a nuevas herramientas.

▸ Reducción de errores del sistema.

Un sistema desactualizado se vuelve progresivamente vulnerable e incompatible con aplicaciones modernas.

8.8 RIESGOS DE NO ACTUALIZAR

No instalar actualizaciones puede provocar:

▸ Fallos de seguridad.

▸ Problemas de compatibilidad.

▸ Pérdida de soporte técnico.

▸ Bajo rendimiento.

Por ello, la actualización debe integrarse dentro de las rutinas periódicas de mantenimiento.

8.9 RECOMENDACIONES EN LA ACTUALIZACIÓN DE WINDOWS 11

▸ Activar las actualizaciones automáticas.

▸ Programar reinicios fuera del horario productivo.

▸ Revisar los informes de actualización.

▸ Mantener actualizados los controladores.

En organizaciones, estas tareas suelen gestionarse mediante políticas centralizadas para garantizar la homogeneidad de los equipos.

8.10 ACTUALIZACIÓN DE COMPONENTES SOFTWARE

Además del sistema operativo, un equipo informático depende de numerosos programas que también requieren actualización. Estas aplicaciones pueden incluir:

- Suites ofimáticas.

- Navegadores web.

- Herramientas de seguridad.

- Aplicaciones corporativas.

- Controladores de dispositivos.

Mantener actualizado el software complementario es tan importante como actualizar el propio sistema operativo.

8.11 IMPORTANCIA DE ACTUALIZAR EL SOFTWARE

Las actualizaciones de software permiten:

- Corregir errores de funcionamiento.

- Mejorar la seguridad.

- Incorporar nuevas funcionalidades.

- Optimizar el rendimiento.

Un navegador sin actualizar, por ejemplo, puede convertirse en una puerta de entrada para ataques informáticos.

8.12 TIPOS DE ACTUALIZACIONES DE SOFTWARE

Actualizaciones automáticas

Muchos programas incluyen sistemas que buscan e instalan mejoras sin intervención del usuario.

Actualizaciones manuales

Requieren que el usuario descargue la nueva versión desde la web oficial.

Actualizaciones mayores

Suponen cambios importantes y, en ocasiones, modificaciones en la interfaz.

Parcheado

Consiste en pequeñas correcciones destinadas a resolver fallos específicos.

8.13 GESTIÓN EFICIENTE DE LAS ACTUALIZACIONES

Para evitar problemas derivados de incompatibilidades, es recomendable:

▼ No instalar software de fuentes desconocidas.

▼ Revisar los requisitos antes de actualizar.

▼ Eliminar aplicaciones obsoletas.

▼ Mantener solo el software necesario.

Una gestión racional del software reduce el consumo de recursos y mejora la estabilidad del sistema.

8.14 ACTUALIZACIÓN DE CONTROLADORES

Los controladores o drivers permiten la comunicación entre el sistema operativo y el hardware. Mantenerlos actualizados garantiza que los dispositivos funcionen correctamente y aprovechen todas sus capacidades.

Windows 11 puede actualizar muchos controladores automáticamente, aunque en algunos casos conviene acudir al fabricante para obtener versiones más recientes.

8.15 LA ACTUALIZACIÓN COMO ESTRATEGIA DE MANTENIMIENTO

La actualización debe considerarse parte de una estrategia global de administración del sistema. No solo protege el equipo, sino que prolonga su vida útil y mejora la experiencia de usuario.

Adoptar una actitud proactiva frente a las actualizaciones permite anticiparse a problemas, evitar interrupciones y mantener un entorno informático fiable.

En conclusión, actualizar el sistema operativo y sus componentes software es una de las prácticas más importantes dentro de la gestión informática moderna. Un equipo actualizado es sinónimo de seguridad, eficiencia y preparación para afrontar las exigencias tecnológicas actuales.

8.16 COMPONENTES CRÍTICOS

Los componentes críticos son aquellos elementos del sistema cuyo correcto funcionamiento resulta imprescindible para garantizar la estabilidad, el rendimiento y la operatividad del equipo informático. En el contexto de **Windows 11**, estos componentes están estrechamente vinculados al núcleo del sistema, a la gestión del hardware y a los servicios esenciales que permiten ejecutar aplicaciones y administrar recursos.

Actualizar estos componentes debe realizarse siempre con precaución, ya que cualquier error puede provocar fallos de arranque, pérdida de funcionalidad o inestabilidad general del sistema.

Entre los principales componentes críticos destacan:

El núcleo del sistema (Kernel)

El kernel es el corazón del sistema operativo. Se encarga de coordinar la comunicación entre el software y el hardware, gestionar la memoria, asignar tiempo de procesamiento a las aplicaciones y controlar los dispositivos conectados.

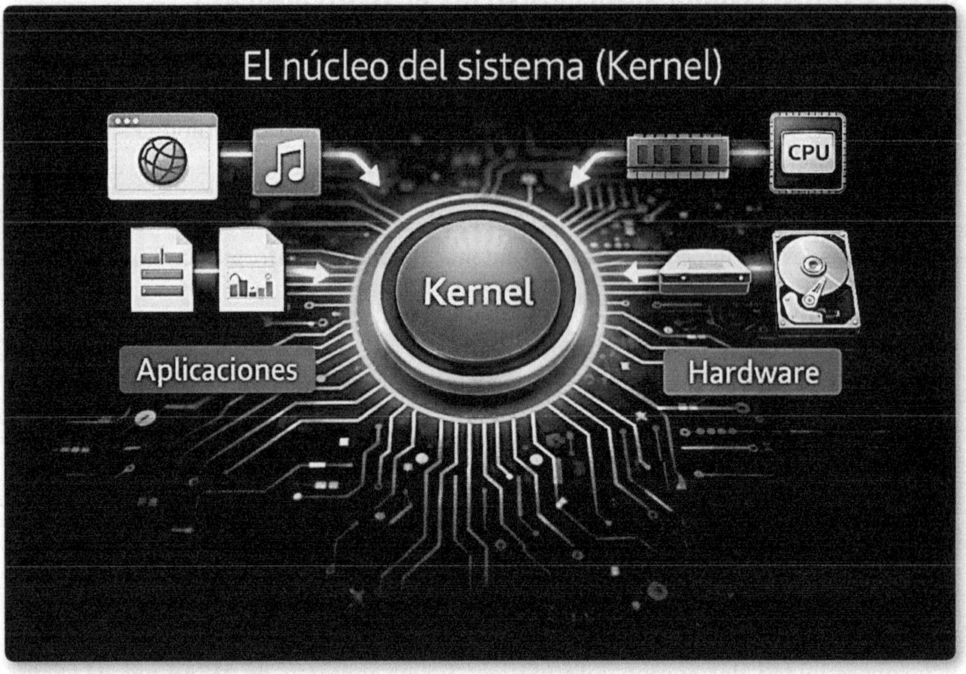

Una actualización del kernel suele incluir mejoras de seguridad, optimización del rendimiento y compatibilidad con nuevas tecnologías. Debido a su relevancia, estas actualizaciones suelen requerir el reinicio del equipo.

Servicios del sistema

Windows 11 funciona gracias a múltiples servicios que se ejecutan en segundo plano. Algunos de los más importantes son:

- Servicios de red.
- Administración de usuarios.
- Servicios de impresión.
- Servicios de almacenamiento.
- Servicios de actualización.

Mantenerlos actualizados permite evitar vulnerabilidades y mejorar la eficiencia operativa.

Sistema de archivos

El sistema de archivos organiza la información almacenada en el disco y garantiza su integridad. Las mejoras en este componente pueden traducirse en:

- Mayor velocidad de acceso a datos.

- Mejor recuperación ante errores.

- Protección frente a corrupción de archivos.

Gestor de memoria

Una gestión eficiente de la memoria permite ejecutar varias aplicaciones simultáneamente sin degradar el rendimiento. Las actualizaciones pueden optimizar el uso de la RAM y reducir bloqueos del sistema.

Motor gráfico del sistema

El subsistema gráfico influye directamente en la experiencia visual del usuario. Su actualización mejora la compatibilidad con aplicaciones modernas, optimiza la aceleración por hardware y reduce problemas de visualización.

8.17 RECOMENDACIONES

Para minimizar riesgos, se recomienda:

- Crear un punto de restauración antes de actualizar.

- Realizar copias de seguridad.

- Evitar apagar el equipo durante el proceso.

- Instalar únicamente actualizaciones oficiales.

- Comprobar la compatibilidad del hardware.

En entornos profesionales, estas actualizaciones suelen probarse previamente en equipos de laboratorio antes de desplegarse de forma masiva.

8.18 COMPONENTES DE SEGURIDAD

La seguridad es uno de los pilares fundamentales de cualquier sistema operativo moderno. Windows 11 incorpora múltiples capas de protección diseñadas para prevenir accesos no autorizados, detectar amenazas y proteger la integridad de la información.

Los componentes de seguridad deben mantenerse siempre actualizados, ya que los riesgos evolucionan constantemente y las amenazas informáticas se vuelven cada vez más sofisticadas.

Entre los elementos más relevantes se encuentran:

Antivirus y antimalware

Windows 11 integra Microsoft Defender, que proporciona protección en tiempo real frente a virus, spyware y otras amenazas. Sus actualizaciones incluyen nuevas firmas de detección capaces de identificar amenazas emergentes.

Un antivirus desactualizado pierde eficacia rápidamente, por lo que la actualización automática es especialmente recomendable.

Firewall

El firewall controla el tráfico de red entrante y saliente, bloqueando conexiones sospechosas. Las actualizaciones mejoran las reglas de filtrado y refuerzan la protección frente a ataques externos.

Arranque seguro (Secure Boot)

Este mecanismo impide que software malicioso se cargue durante el proceso de inicio del sistema. Solo permite ejecutar software firmado digitalmente por fabricantes autorizados.

Módulo TPM (Trusted Platform Module)

Windows 11 exige la presencia de TPM 2.0, un chip de seguridad que permite:

- Cifrar datos.
- Proteger credenciales.
- Garantizar la integridad del sistema.

Su actualización puede mejorar algoritmos criptográficos y reforzar la protección.

8.19 CIFRADO DE DATOS

Herramientas como BitLocker protegen la información almacenada en el disco mediante cifrado. Esto resulta especialmente importante en equipos portátiles, donde el riesgo de pérdida o robo es mayor.

Control de cuentas de usuario (UAC)

Este sistema evita que aplicaciones no autorizadas realicen cambios críticos sin consentimiento del usuario.

8.20 IMPORTANCIA ESTRATÉGICA DE LA ACTUALIZACIÓN EN SEGURIDAD

No actualizar los componentes de seguridad puede provocar:

- Acceso no autorizado a datos.
- Robo de información.
- Instalación de malware.
- Interrupciones del servicio.

Por el contrario, un sistema actualizado reduce significativamente la superficie de ataque.

8.21 CONTROLADORES

Los controladores, también conocidos como drivers, son programas que permiten al sistema operativo comunicarse con los dispositivos hardware. Sin ellos, el sistema no podría reconocer ni utilizar componentes como impresoras, tarjetas gráficas o adaptadores de red.

En Windows 11, la gestión de controladores se ha optimizado para facilitar su instalación y actualización, aunque sigue siendo una tarea clave dentro del mantenimiento del sistema.

8.22 FUNCIONES PRINCIPALES DE LOS CONTROLADORES

Los controladores actúan como intermediarios entre el software y el hardware, permitiendo:

▸ Traducir instrucciones del sistema operativo al dispositivo.

▸ Garantizar el funcionamiento correcto del hardware.

▸ Optimizar el rendimiento.

▸ Habilitar funciones avanzadas.

Por ejemplo, una tarjeta gráfica sin el controlador adecuado funcionará con prestaciones limitadas.

8.23 TIPOS DE CONTROLADORES MÁS IMPORTANTES

Controladores de chipset

Permiten la comunicación entre la placa base y los demás componentes del equipo.

Controladores gráficos

Influyen en la calidad visual, la aceleración por hardware y el rendimiento en aplicaciones exigentes.

Controladores de red

Garantizan la conectividad a Internet y a redes locales.

Controladores de almacenamiento

Gestionan discos duros, unidades SSD y sistemas RAID.

Controladores de audio

Permiten la correcta reproducción y grabación de sonido.

Controladores de periféricos

Incluyen impresoras, escáneres, cámaras y dispositivos USB.

8.24 MÉTODOS DE ACTUALIZACIÓN DE CONTROLADORES

Existen varias formas de mantenerlos actualizados:

- A través de Windows Update.

- Mediante el Administrador de dispositivos.

- Descargándolos desde la web del fabricante.

- Utilizando software especializado de gestión de drivers. También, existe luna posibilidad de agregar controladores de forma manual..

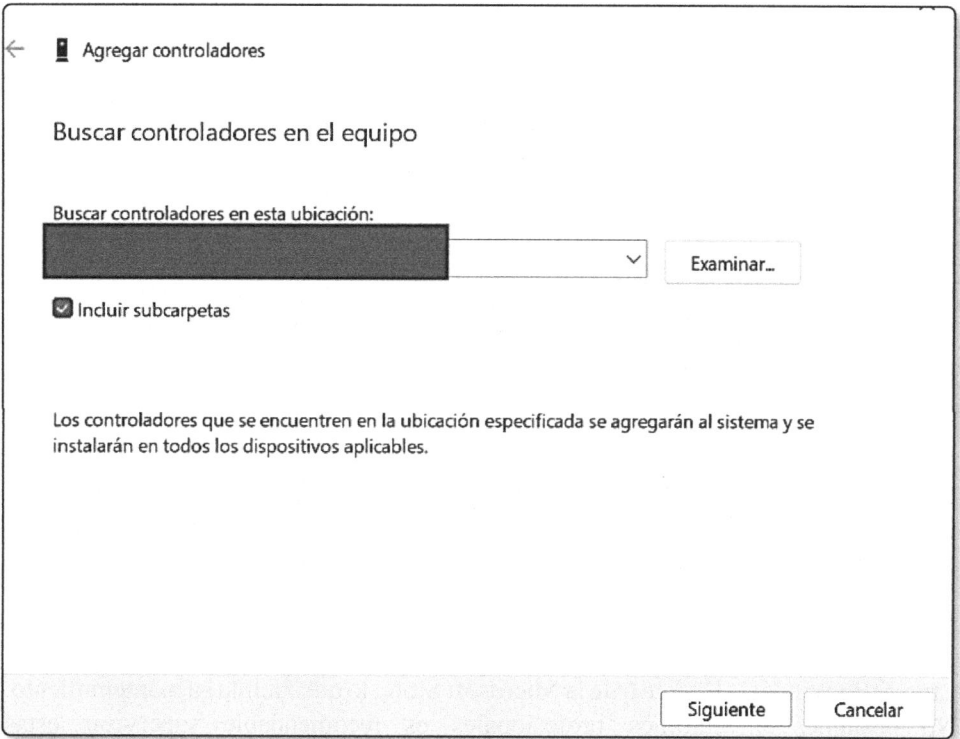

Seleccionándolos desde nuestro equipo y cerciorándonos que se tratan de acudir a fuentes oficiales para evitar software malicioso.

8.25 RIESGOS DE CONTROLADORES DESACTUALIZADOS

Un controlador obsoleto puede provocar:

- Fallos del sistema.
- Pantallas azules.
- Bajo rendimiento.
- Incompatibilidades.
- Problemas de seguridad.

Por ello, la revisión periódica de controladores debe formar parte de cualquier plan de mantenimiento.

8.26 RECOMENDACIONES

- Actualizar solo cuando sea necesario o recomendado.
- Crear un punto de restauración antes de instalar nuevos drivers.
- Evitar versiones beta en entornos productivos.
- Mantener un registro de cambios.

Estas prácticas ayudan a mantener la estabilidad del sistema.

8.27 OTROS COMPONENTES

Además de los componentes críticos, de seguridad y los controladores, existen otros elementos del sistema operativo que también requieren actualización periódica para garantizar el correcto funcionamiento del equipo. Aunque su impacto pueda parecer menor, estos componentes influyen directamente en la experiencia de usuario, la compatibilidad del software y la eficiencia del entorno de trabajo.

En **Windows 11**, muchos de estos elementos se actualizan automáticamente a través de Windows Update o de la Microsoft Store, lo que facilita su mantenimiento. No obstante, en entornos profesionales es recomendable supervisar estas actualizaciones para evitar incompatibilidades.

Entre los principales componentes adicionales destacan los siguientes:

Bibliotecas del sistema (runtime libraries)

Son conjuntos de archivos que permiten ejecutar determinadas aplicaciones. Ejemplos habituales son las bibliotecas de Visual C++ o .NET.

Mantenerlas actualizadas permite:

▸ Evitar errores al iniciar programas.

▸ Mejorar la compatibilidad con aplicaciones modernas.

▸ Reducir vulnerabilidades.

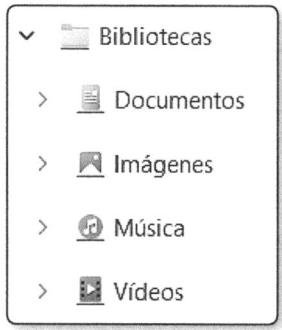

Componentes de la interfaz de usuario

Incluyen el menú Inicio, el explorador de archivos, widgets, paneles de configuración y elementos gráficos del sistema.

Las actualizaciones pueden aportar:

▸ Mejoras de accesibilidad.

▸ Mayor fluidez en la navegación.

▸ Cambios visuales orientados a la usabilidad.

Aplicaciones integradas del sistema

Windows 11 incorpora herramientas preinstaladas como Bloc de notas, Paint, Calculadora, Terminal o el reproductor multimedia. Aunque no son esenciales para el arranque del sistema, sí forman parte del entorno operativo cotidiano.

Su actualización contribuye a:

▸ Incorporar nuevas funcionalidades.

▸ Corregir errores.

▸ Mejorar la seguridad.

Componentes de conectividad y servicios en la nube

La integración con servicios como OneDrive o la sincronización de configuraciones entre dispositivos exige actualizaciones frecuentes.

Estas mejoras permiten:

▼ Mayor estabilidad en la sincronización.

▼ Transferencias más seguras.

▼ Mejor rendimiento en entornos colaborativos.

8.28 IMPORTANCIA DE MANTENER ACTUALIZADOS LOS COMPONENTES SECUNDARIOS

Aunque no siempre son visibles para el usuario, estos elementos:

▼ Mejoran la experiencia general del sistema.

▼ Previenen errores inesperados.

▼ Favorecen la compatibilidad tecnológica.

▼ Prolongan la vida útil del equipo.

Una estrategia de actualización completa debe contemplar todos los niveles del sistema operativo.

8.29 VERIFICACIÓN DE LA ACTUALIZACIÓN

Una vez finalizado cualquier proceso de actualización, resulta imprescindible comprobar que el sistema funciona correctamente. La verificación permite detectar fallos tempranos y garantizar que los cambios aplicados no han afectado a la estabilidad del equipo.

En entornos empresariales, esta fase forma parte de los protocolos de mantenimiento y calidad.

Comprobación del estado del sistema

El primer paso consiste en confirmar que el sistema operativo inicia con normalidad y que no aparecen mensajes de error.

Se recomienda verificar:

▶ Tiempo de arranque.

▶ Inicio de sesión.

▶ Funcionamiento del escritorio.

▶ Acceso a archivos.

Revisión del historial de actualizaciones

Windows 11 permite consultar qué actualizaciones se han instalado y si alguna ha presentado incidencias.

Esta revisión ayuda a:

▶ Confirmar la instalación correcta.

▶ Identificar posibles errores.

▶ Desinstalar actualizaciones problemáticas.

Windows Update › Historial de actualizaciones	
Actualizaciones de características (1)	∧
Windows 11, version 25H2 Instalada correctamente el 24/11/2025	Ver las novedades
Actualizaciones de calidad (12)	∧
2026-01 Actualización de seguridad (KB5074109) (26200.7623) Instalada correctamente el 15/01/2026	Más información
2025-12 Actualización de seguridad (KB5072033) (26200.7462) Instalada correctamente el 10/12/2025	Más información
2025-11 Actualización de seguridad (KB5068861) (26100.7171) Instalada correctamente el 12/11/2025	Más información
2025-10 Actualización acumulativa para Windows 11 Version 24H2 para sistemas basados en x64 (KB5066835) (26100.6899) Instalada correctamente el 15/10/2025	Más información
2025-10 Actualización acumulativa de .NET Framework 3.5 y 4.8.1 para Windows 11, version 24H2 para x64 (KB5066131) Instalada correctamente el 15/10/2025	Más información
2025-09 Actualización acumulativa de .NET Framework 3.5 y 4.8.1 para Windows 11, version 24H2 para x64 (KB5064401)	Más información

8.30 PRUEBAS DE FUNCIONAMIENTO BÁSICO

Es recomendable realizar pruebas rápidas sobre los elementos más utilizados:

▶ Conexión a Internet.   ▶ Aplicaciones corporativas.

▶ Impresoras.   ▶ Dispositivos externos.

Estas comprobaciones reducen el riesgo de interrupciones posteriores.

Monitorización del rendimiento

Tras una actualización importante, puede observarse un consumo elevado de recursos debido a tareas internas de optimización. Sin embargo, si el problema persiste, conviene analizarlo.

Herramientas útiles:

▶ Administrador de tareas.

▶ Monitor de recursos.

▶ Visor de eventos.

Creación de un punto de restauración posterior

Si el sistema funciona correctamente, es aconsejable generar un nuevo punto de restauración que refleje el estado actualizado.

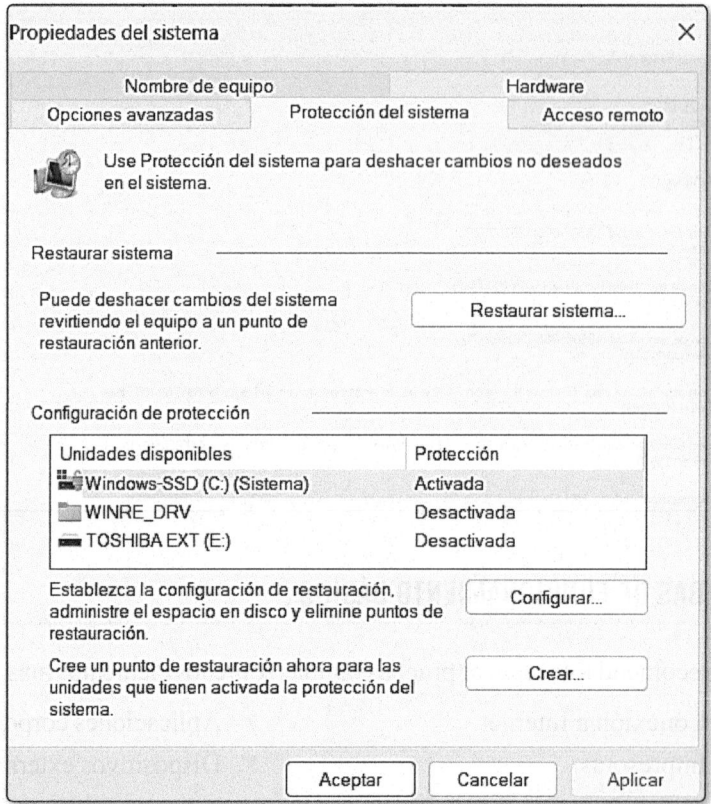

8.31 DOCUMENTACIÓN DE LA ACTUALIZACIÓN

La documentación es una práctica esencial en la administración de sistemas, especialmente en organizaciones donde varios profesionales pueden intervenir sobre los equipos. Registrar cada actualización permite mantener la trazabilidad de los cambios y facilita la resolución de incidencias futuras.

¿Por qué documentar las actualizaciones?

Porque permite:

- Saber qué cambios se han realizado.
- Identificar el origen de posibles fallos.
- Cumplir políticas de auditoría.
- Mejorar la gestión del mantenimiento.

Para que tu registro sea más completo, puedes incluir:

- **Fecha:** día en que se realiza la tarea.
- **Equipo / ID:** nombre del dispositivo, número de inventario o código interno.
- **Usuario:** persona asignada al equipo.
- **Tipo de mantenimiento:** preventivo, correctivo, actualización, diagnóstico, etc.
- **Descripción de la tarea:** detalle de lo realizado.
- **Estado:** completado, en proceso, pendiente.
- **Responsable:** técnico o administrador que ejecuta la tarea.
- **Observaciones:** notas adicionales, reinicios, incidencias, recomendaciones.

Observaciones	Reinicio requerido.	Sin incidencias.	Pendiente revisión de espacio.	Requiere autorización del usuario.
Responsable	Técnico 1.	Técnico 1.	Técnico 2.	Técnico 3.
Estado	Completado.	Completado.	En proceso.	Pendiente.
Descripción de la tarea	Instalación de actualizaciones acumulativas de Windows Update.	Reparación de archivos del sistema con sfc /scannow.	Limpieza de disco y eliminación de archivos temporales.	Desinstalación de software conflictivo.
Tipo de mantenimiento	Preventivo.	Correctivo.	Preventivo.	Correctivo.
Usuario	Juan Pérez.	Juan Pérez.	Marta Ruiz.	Carlos López.
Equipo / ID	PC-WS-014.	PC-WS-014.	PC-WS-022.	PC-WS-030.
Fecha	10/02/2026.	10/02/2026.	11/02/2026.	11/02/2026.

8.32 RECOMENDACIONES

▶ Utilizar formatos estandarizados.

▶ Mantener los registros actualizados.

▶ Guardar la documentación en repositorios accesibles.

▶ Automatizar el registro cuando sea posible.

Una documentación clara reduce tiempos de intervención y mejora la eficiencia operativa.

8.33 VALOR ESTRATÉGICO DE LA DOCUMENTACIÓN

Más allá del mantenimiento técnico, documentar las actualizaciones contribuye a construir una cultura organizativa basada en el control, la previsión y la mejora continua. En entornos profesionales, esta práctica diferencia una gestión improvisada de una administración tecnológica madura.

ACTIVIDADES

Actividad 1. Comprobación previa antes de actualizar

Objetivo: aplicar un procedimiento seguro de actualización.

Desarrollo: antes de actualizar Windows 11, realiza una lista de verificación con estos puntos mínimos:

- Espacio libre en disco.
- Conexión eléctrica (o batería suficiente).
- Copia de seguridad de datos críticos.
- Comprobación de controladores relevantes (red y gráficos).

Explica por qué cada punto reduce riesgos.

Actividad 2. Identificación de fuentes de actualización

Objetivo: reconocer canales fiables y seleccionar el más adecuado según el entorno.

Desarrollo: clasifica estas fuentes como **domésticas** o **corporativas** y explica un uso típico:

- Windows Update (servidores oficiales).
- Repositorio corporativo interno.
- Catálogo oficial de descargas de Microsoft.
- Actualizaciones del fabricante (firmware/controladores).

Actividad 3. Configuración de Windows Update para evitar interrupciones

Objetivo: adaptar las actualizaciones automáticas a la jornada de trabajo.

Desarrollo: describe cómo configurar:

- Horas activas (para evitar reinicios en horario laboral).
- Pausa temporal de actualizaciones (cuándo es razonable usarla).
- Reinicio programado.

Incluye dos ejemplos de situaciones reales (presentación, cierre de mes, etc.).

Actividad 4. Verificación posterior a una actualización

Objetivo: comprobar que el sistema queda estable tras el proceso.

Desarrollo: tras una actualización, define 6 comprobaciones rápidas:

▼ Arranque e inicio de sesión.

▼ Red (Wi-Fi/Ethernet).

▼ Impresora o periférico crítico.

▼ Aplicación principal (por ejemplo, suite ofimática).

▼ Revisión del historial de actualizaciones.

▼ Visor de eventos o administrador de tareas (rendimiento).

Actividad 5. Registro y documentación del mantenimiento

Objetivo: elaborar un parte de actualización trazable.

Desarrollo: rellena un registro con estos campos:

▼ Fecha.

▼ Equipo/ID.

▼ Tipo de actualización (seguridad, acumulativa, características, driver).

▼ Acciones realizadas (incluye reinicios).

▼ Incidencias y solución (si la hay).

▼ Responsable.

Explica por qué documentar mejora futuras intervenciones y auditorías.

PREGUNTAS TIPO TEST

1. **¿Cuál es el objetivo principal de mantener Windows 11 actualizado?**
   a) Cambiar el hardware del equipo.
   b) Mejorar seguridad, estabilidad y compatibilidad.
   c) Evitar que se instalen aplicaciones nuevas.
   d) Reducir el espacio disponible en disco.

2. ¿Qué fuente de actualización se considera la más segura por defecto?

a) Descargas desde sitios no oficiales.

b) Servidores oficiales del fabricante (Windows Update).

c) Archivos compartidos por usuarios en foros.

d) Programas "optimizadores" de terceros.

3. ¿Cuál de estas actualizaciones introduce nuevas funciones y cambios relevantes del sistema?

a) Actualización de seguridad.

b) Actualización acumulativa.

c) Actualización de características.

d) Actualización de firma de antivirus.

4. ¿Qué práctica reduce el riesgo de pérdida de datos antes de una actualización importante?

a) Desinstalar el antivirus.

b) Apagar el equipo durante la instalación.

c) Realizar una copia de seguridad de la información crítica.

d) Desconectar el disco principal.

5. Tras una actualización, ¿qué acción permite confirmar qué se instaló y detectar posibles errores?

a) Formatear el disco.

b) Consultar el historial de actualizaciones.

c) Cambiar el monitor.

d) Desactivar Windows Update permanentemente.

RESPUESTAS

1. B.

2. B.

3. C.

4. C.

5. B.

UF0853

EXPLOTACIÓN DE LAS FUNCIONALIDADES DEL SISTEMA MICROINFORMÁTICO

9

UTILIDADES DEL SISTEMA OPERATIVO

El sistema operativo constituye el elemento central de cualquier sistema microinformático, ya que actúa como intermediario entre el hardware del equipo y la persona usuaria. Sus utilidades permiten gestionar los recursos disponibles, facilitar la ejecución de programas y proporcionar un entorno de trabajo estable y seguro.

En los sistemas actuales —como Windows 11 o diversas distribuciones Linux— estas utilidades han evolucionado hacia entornos cada vez más intuitivos, automatizados y eficientes, lo que contribuye a mejorar la productividad tanto en el ámbito personal como profesional.

Comprender las utilidades del sistema operativo permite al usuario desenvolverse con autonomía, optimizar el rendimiento del equipo y prevenir incidencias derivadas de una configuración inadecuada.

9.1 CARACTERÍSTICAS Y FUNCIONES

Las utilidades del sistema operativo se diseñan para simplificar el uso del ordenador y garantizar que todos los componentes funcionen de forma coordinada. Sin estas herramientas, el manejo del equipo resultaría complejo y poco eficiente.

Entre las funciones más relevantes destacan:

9.1.1 Interfaz de usuario

Proporciona un entorno gráfico basado en ventanas, iconos y menús que facilita la interacción con el equipo. Gracias a esta interfaz, tareas que anteriormente requerían conocimientos técnicos pueden realizarse mediante acciones sencillas.

Ejecución de aplicaciones

El sistema operativo actúa como plataforma para que los programas funcionen correctamente, asignando los recursos necesarios y evitando conflictos entre ellos.

Seguridad y control

Integra mecanismos de protección como autenticación de usuarios, permisos de acceso o herramientas contra software malicioso.

Automatización de tareas

Muchas operaciones —actualizaciones, copias de seguridad o diagnósticos— pueden ejecutarse automáticamente, reduciendo la carga de trabajo del usuario.

El conocimiento de estas funciones permite comprender que el sistema operativo no solo hace posible el uso del ordenador, sino que también garantiza su eficiencia y fiabilidad.

Configuración del entorno de trabajo

Configurar el entorno de trabajo consiste en adaptar el sistema operativo a las necesidades específicas de cada persona usuaria o contexto profesional. Un entorno bien configurado favorece la ergonomía digital, reduce errores y mejora la experiencia de uso.

Entre los aspectos más importantes de la configuración destacan los siguientes:

Personalización visual

El sistema permite modificar elementos como el fondo de pantalla, los colores, el tamaño del texto o el tema visual. Estas opciones no solo tienen una finalidad estética, sino que también influyen en la comodidad durante largas jornadas de trabajo.

Configuración de pantalla

Es posible ajustar la resolución, la escala o la orientación del monitor para optimizar la visualización. Una configuración incorrecta puede provocar fatiga visual o dificultar la lectura de contenidos.

Organización del escritorio

Mantener accesos directos bien estructurados facilita el acceso a las aplicaciones más utilizadas y reduce el tiempo de búsqueda.

Gestión de dispositivos

El sistema operativo detecta automáticamente periféricos como impresoras, cámaras o unidades externas, permitiendo su configuración desde paneles centralizados.

Opciones de accesibilidad

Los sistemas modernos incorporan herramientas destinadas a mejorar la usabilidad para personas con necesidades específicas, como lectores de pantalla, ampliadores o reconocimiento de voz.

Un entorno de trabajo correctamente configurado no solo mejora la productividad, sino que también contribuye al bienestar digital del usuario.

Administración y gestión de los sistemas de archivo

La administración de archivos es una de las utilidades más importantes del sistema operativo, ya que permite organizar la información de forma lógica y garantizar su disponibilidad cuando sea necesaria.

Un sistema de archivos eficiente facilita el almacenamiento, la localización y la protección de los datos.

Explorador de archivos

Es la herramienta principal para navegar por las unidades de almacenamiento. Permite crear carpetas, copiar documentos, mover archivos o eliminarlos cuando dejan de ser necesarios.

Organización jerárquica

Los archivos se estructuran en carpetas y subcarpetas, formando un árbol lógico que simplifica su localización. Una organización adecuada evita pérdidas de tiempo y reduce el riesgo de extravío de información.

Búsqueda avanzada

Los sistemas actuales incorporan motores de búsqueda capaces de localizar documentos por nombre, fecha o tipo de archivo, lo que agiliza enormemente el trabajo.

Permisos de acceso

En entornos compartidos es posible establecer restricciones para controlar quién puede visualizar o modificar determinados archivos, reforzando así la seguridad.

Copias de seguridad

Muchas utilidades permiten generar respaldos automáticos para prevenir la pérdida de datos ante fallos técnicos o errores humanos.

Compresión y almacenamiento eficiente

El sistema operativo puede comprimir archivos para ahorrar espacio o facilitar su transferencia.

Una gestión adecuada de los sistemas de archivo es sinónimo de eficiencia operativa y constituye una competencia básica en cualquier entorno profesional digitalizado.

Idea clave

Dominar las utilidades del sistema operativo permite transformar el ordenador en una herramienta de trabajo eficaz. La correcta comprensión de sus características, la adecuada configuración del entorno y una gestión organizada de los archivos constituyen la base para un uso profesional, seguro y productivo del sistema microinformático.

9.1.2 Gestión de procesos y recursos

La gestión de procesos y recursos es una de las funciones más críticas del sistema operativo, ya que determina cómo se utilizan los elementos físicos del equipo para ejecutar programas de forma eficiente y sin conflictos.

Un **proceso** puede definirse como un programa en ejecución que necesita recursos para funcionar, como tiempo de procesador, memoria o acceso a dispositivos. El sistema operativo se encarga de coordinar todos estos procesos para garantizar que el equipo responda con fluidez incluso cuando se ejecutan múltiples aplicaciones simultáneamente.

Concepto de proceso

Cada vez que se abre una aplicación —un navegador web, un procesador de textos o un reproductor multimedia— el sistema crea uno o varios procesos asociados. Estos procesos pueden trabajar en primer plano, interactuando directamente con la persona usuaria, o en segundo plano, realizando tareas necesarias sin intervención directa.

La capacidad para gestionar numerosos procesos es lo que permite a los sistemas actuales ofrecer una experiencia multitarea.

Planificación del procesador

El sistema operativo decide qué proceso debe utilizar el procesador en cada momento mediante algoritmos de planificación. Este reparto se realiza en intervalos extremadamente breves, lo que genera la sensación de simultaneidad.

Una planificación eficiente permite:

- Reducir los tiempos de espera.
- Evitar bloqueos del sistema.
- Mejorar la productividad.
- Optimizar el rendimiento general.

Gestión de la memoria

La memoria RAM es un recurso limitado que debe distribuirse cuidadosamente. El sistema operativo asigna espacio a cada proceso y lo libera cuando deja de ser necesario.

Además, muchos sistemas utilizan **memoria virtual**, que aprovecha parte del disco como extensión de la RAM para evitar interrupciones cuando la memoria física se agota.

Supervisión del rendimiento

Las herramientas de monitorización permiten observar en tiempo real el consumo de recursos del equipo, como:

- Uso de CPU.
- Memoria ocupada.
- Actividad del disco.
- Consumo de red.

Esta información resulta esencial para detectar aplicaciones que ralentizan el sistema o identificar comportamientos anómalos.

Priorización de tareas

No todos los procesos tienen la misma importancia. El sistema puede asignar mayor prioridad a tareas críticas para garantizar su ejecución inmediata.

Por ejemplo, los procesos del sistema suelen tener preferencia sobre aplicaciones de usuario.

Finalización de procesos

Cuando un programa deja de responder, el sistema operativo permite forzar su cierre para recuperar el control del equipo. Esta acción debe realizarse con precaución, ya que puede provocar la pérdida de datos no guardados.

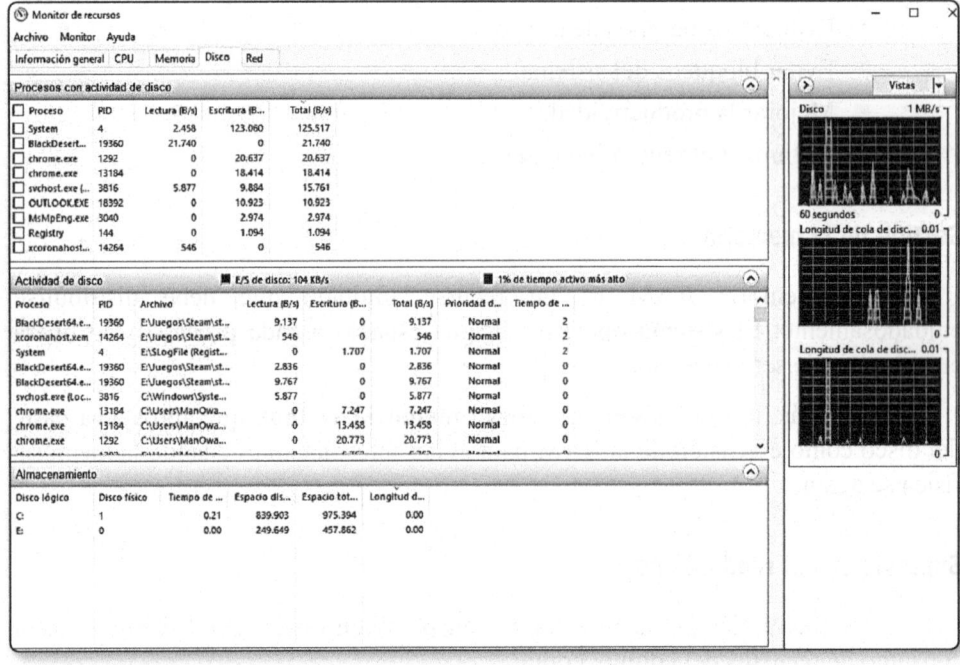

Recomendaciones en la gestión de recursos

Para mantener un sistema ágil y estable se recomienda:

- Cerrar aplicaciones que no se estén utilizando.

- Evitar la ejecución simultánea de programas muy exigentes.

- Mantener el sistema actualizado.

- Revisar periódicamente el consumo de recursos.

Una gestión adecuada contribuye a prolongar la vida útil del equipo y a mejorar la experiencia de uso.

9.1.3 Gestión y edición de archivos

La gestión y edición de archivos constituye una competencia básica dentro del manejo de sistemas microinformáticos. Los archivos contienen la información que el usuario crea o utiliza, por lo que su correcta administración resulta esencial para garantizar la organización, la seguridad y la disponibilidad de los datos.

Concepto de archivo

Un archivo es una unidad de información almacenada en un dispositivo que puede contener texto, imágenes, audio, vídeo o programas. Cada archivo se identifica mediante un nombre y una extensión que indica su formato.

Ejemplos habituales:

- .docx → documentos de texto.

- .xlsx → hojas de cálculo.

- .jpg → imágenes.

- .pdf → documentos portables.

Comprender estas extensiones facilita la elección de la aplicación adecuada para su apertura.

Operaciones básicas de gestión

El sistema operativo proporciona herramientas para realizar acciones fundamentales:

Crear archivos y carpetas

Permite estructurar la información desde el inicio.

Copiar y mover

Facilita la organización y evita duplicidades innecesarias.

Renombrar

Ayuda a identificar el contenido de forma rápida.

Eliminar

Libera espacio de almacenamiento cuando los archivos dejan de ser útiles.

Restaurar

Muchos sistemas incluyen una papelera de reciclaje que permite recuperar elementos eliminados accidentalmente.

Edición de archivos

Editar un archivo implica modificar su contenido mediante aplicaciones específicas. Dependiendo del tipo de archivo, se utilizarán diferentes programas:

- Procesadores de texto para documentos.
- Editores gráficos para imágenes.
- Aplicaciones multimedia para audio y vídeo.

Es recomendable guardar los cambios periódicamente para evitar pérdidas de información.

Propiedades y metadatos

Los archivos incluyen información adicional, como:

- Tamaño.
- Fecha de creación.
- Última modificación.
- Ubicación.

Estos datos resultan útiles para tareas de organización y control.

Compresión de archivos

La compresión reduce el tamaño de los archivos, facilitando su almacenamiento y envío. Es especialmente útil cuando se trabaja con grandes volúmenes de información.

Protección de la información

Para reforzar la seguridad pueden aplicarse medidas como:

- Contraseñas.
- Cifrado.
- Restricciones de acceso.

Estas prácticas son especialmente importantes en entornos profesionales.

Recomendaciones para una gestión eficiente

Una buena organización de archivos permite trabajar con mayor rapidez y reduce el riesgo de errores. Se aconseja:

- Utilizar nombres descriptivos.
- Evitar almacenar documentos en ubicaciones temporales.
- Mantener una estructura de carpetas coherente.
- Realizar copias de seguridad periódicas.

ACTIVIDADES

Actividad 1. Identificación de utilidades del sistema operativo

Objetivo: reconocer las funciones principales del sistema operativo y su utilidad práctica.

Desarrollo: revisa el texto del capítulo y elabora un esquema en el que clasifiques las utilidades del sistema operativo en bloques funcionales.

Incluye, como mínimo, los siguientes apartados:

- Gestión de recursos.
- Interfaz de usuario.
- Ejecución de aplicaciones.
- Seguridad y control.
- Automatización de tareas.

Resultado esperado: comprender la relación entre cada utilidad del sistema y las tareas cotidianas del usuario.

Actividad 2. Configuración del entorno de trabajo para un uso profesional

Objetivo: aplicar criterios de organización y ergonomía digital en el escritorio.

Desarrollo: configura el entorno de trabajo de un equipo como si fuera a utilizarse en un puesto administrativo.

Realiza estas acciones:

- Ancla en la barra de tareas un navegador y una aplicación ofimática.
- Crea una carpeta en el escritorio llamada "Trabajo" y otra llamada "Temporal".
- Organiza el escritorio de modo que solo queden accesos imprescindibles.
- Ajusta la resolución y la escala para facilitar la lectura.

Resultado esperado: mejorar la eficiencia del acceso a herramientas y la comodidad en el trabajo diario.

Actividad 3. Organización del sistema de archivos con estructura jerárquica

Objetivo: diseñar una estructura lógica de carpetas para reducir pérdidas de tiempo y errores.

Desarrollo: crea una estructura de carpetas para una pequeña empresa con tres áreas: Administración, Ventas y Proyectos.

Incluye en cada área:

▶ Una carpeta de "Documentos".

▶ Una carpeta de "Plantillas".

▶ Una carpeta de "Archivo".

▶ Una carpeta de "Pendiente".

Resultado esperado: desarrollar criterios de organización documental aplicables a un entorno profesional.

Actividad 4. Control básico de procesos y recursos

Objetivo: interpretar el consumo de recursos del equipo y relacionarlo con la multitarea.

Desarrollo: abre varias aplicaciones habituales y observa cómo cambia el consumo del sistema.

Realiza el procedimiento:

▶ Abre un navegador con varias pestañas.

▶ Abre un procesador de textos.

▶ Abre un reproductor multimedia o una aplicación similar.

▶ Accede a una herramienta de supervisión del sistema y anota los valores de CPU y memoria.

Resultado esperado: comprender cómo los procesos consumen recursos y afectan al rendimiento.

Actividad 5. Gestión y edición segura de archivos

Objetivo: aplicar operaciones básicas de gestión y comprobar la importancia de guardar versiones.

Desarrollo: crea un documento de texto y realiza una secuencia completa de operaciones de archivo.

Ejecuta estas acciones:

▼ Guarda el archivo con un nombre descriptivo.

▼ Crea una copia en otra carpeta.

▼ Renombra la copia indicando "Versión_2".

▼ Edita el contenido y guarda los cambios.

▼ Elimina una de las versiones y recupérala desde la papelera.

Resultado esperado: adquirir soltura en operaciones comunes y reducir el riesgo de pérdida de información.

PREGUNTAS TIPO TEST

1. **¿Qué papel desempeña el sistema operativo en un sistema microinformático?**
   a) Sustituye al hardware y evita su uso.
   b) Actúa como intermediario entre hardware y usuario, coordinando recursos y tareas.
   c) Solo sirve para almacenar archivos en el disco.
   d) Funciona únicamente como un programa de edición.

2. **¿Cuál de las siguientes funciones pertenece a la gestión de recursos?**
   a) Cambiar el fondo de pantalla.
   b) Administrar CPU, memoria RAM y almacenamiento para ejecutar varias aplicaciones.
   c) Crear documentos de texto automáticamente.
   d) Eliminar carpetas del sistema para liberar espacio.

3. ¿Qué afirmación describe mejor la configuración del entorno de trabajo?

a) Es un proceso que solo se realiza al instalar el sistema operativo y no se modifica.

b) Consiste en adaptar el sistema a necesidades del usuario para mejorar ergonomía y productividad.

c) Se limita a instalar impresoras y periféricos externos.

d) Es una acción destinada únicamente a cambiar el idioma del teclado.

4. ¿Qué elemento facilita la localización de información sin conocer su ubicación exacta?

a) La búsqueda avanzada del sistema.

b) La memoria virtual.

c) El firewall.

d) El cifrado del dispositivo.

5. ¿Qué opción describe correctamente un proceso en el sistema operativo?

a) Un archivo comprimido que ocupa menos espacio.

b) Un programa en ejecución que consume recursos del sistema.

c) Una carpeta del sistema destinada a copias de seguridad.

d) Un periférico conectado por USB.

RESPUESTAS

1. B.

2. B.

3. B.

4. A.

5. B.

10

ORGANIZACIÓN DEL DISCO Y SISTEMA DE ARCHIVOS

La organización del disco es un aspecto fundamental dentro de la administración de sistemas microinformáticos, ya que determina cómo se almacenan, estructuran y recuperan los datos. Sin una organización adecuada, el acceso a la información sería lento, desordenado y poco fiable.

El sistema operativo utiliza una estructura lógica denominada **sistema de archivos** para gestionar el espacio disponible en los dispositivos de almacenamiento. Esta estructura actúa como un índice que permite localizar cada archivo sin que la persona usuaria tenga que conocer su ubicación física en el disco.

Comprender la organización del disco facilita tareas como la instalación del sistema operativo, la creación de particiones, la realización de copias de seguridad o la recuperación de datos ante fallos.

Además, en entornos profesionales, una correcta planificación del almacenamiento contribuye a mejorar el rendimiento del equipo y a garantizar la seguridad de la información.

10.1 ESTRUCTURA LÓGICA DEL DISCO

Aunque físicamente un disco sea un único dispositivo, el sistema operativo puede dividirlo en varias partes independientes denominadas **particiones**. Cada partición funciona como una unidad de almacenamiento autónoma y puede contener un sistema de archivos distinto.

Esta división permite:

- Separar el sistema operativo de los datos personales.
- Facilitar la reinstalación del sistema sin afectar a los archivos.
- Mejorar la organización de la información.
- Optimizar las estrategias de copia de seguridad.

Una práctica habitual consiste en reservar una partición para el sistema y otra para los documentos de trabajo, reduciendo así el riesgo de pérdida total de datos.

10.2 EL SISTEMA DE ARCHIVOS

El sistema de archivos es el mecanismo que utiliza el sistema operativo para organizar la información dentro de una partición o unidad de almacenamiento. Gracias a él, los archivos pueden almacenarse siguiendo una estructura coherente y recuperarse con rapidez cuando se necesitan.

Podría compararse con el índice de una biblioteca: cada documento tiene una ubicación concreta que permite encontrarlo sin revisar todo el contenido del disco.

Funciones principales del sistema de archivos

Entre las funciones más relevantes destacan:

- **Organización de la información**
  Permite estructurar los datos en carpetas y subcarpetas, creando una jerarquía lógica que facilita su localización.

- **Asignación del espacio disponible**
  Gestiona el espacio libre del disco para almacenar nuevos archivos sin interferir con los existentes.

- **Control de acceso**
  Algunos sistemas permiten establecer permisos para proteger la información frente a accesos no autorizados.

- **Gestión de la integridad de los datos**
  Incorpora mecanismos destinados a evitar la corrupción de archivos y facilitar su recuperación.

- **Optimización del rendimiento**
  Una estructura bien diseñada reduce el tiempo necesario para leer o escribir datos.

Importancia en el entorno profesional

El sistema de archivos influye directamente en aspectos clave como:

- ▶ La velocidad de acceso a la información.
- ▶ La seguridad de los datos.
- ▶ La compatibilidad con aplicaciones.
- ▶ La capacidad de almacenamiento.

Elegir el sistema adecuado es, por tanto, una decisión técnica relevante.

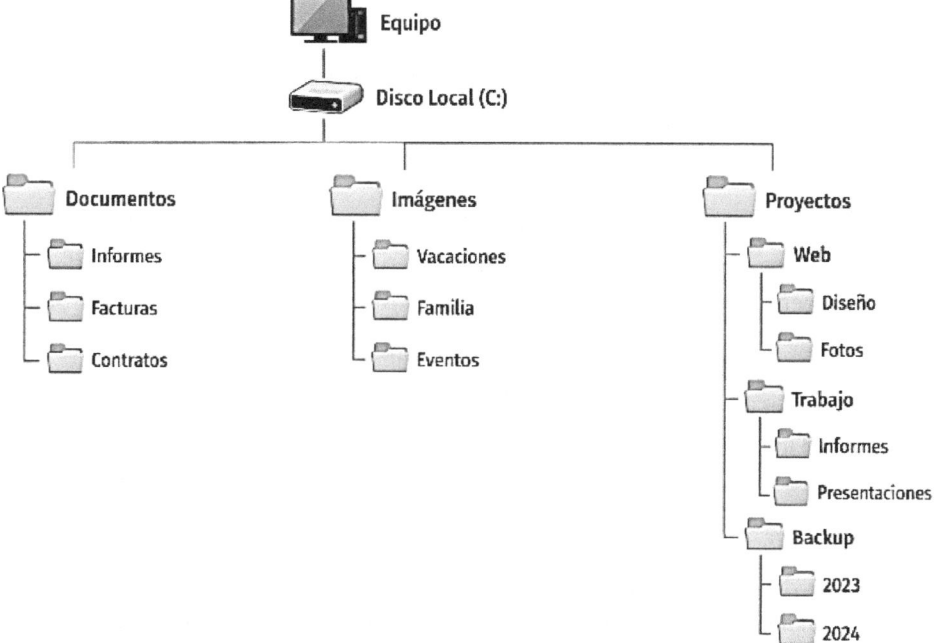

10.2.1 FAT

El sistema de archivos **FAT (File Allocation Table)** fue uno de los primeros utilizados en ordenadores personales y desempeñó un papel clave en la evolución del almacenamiento digital. Aunque hoy ha sido reemplazado en muchos entornos, todavía se emplea en dispositivos extraíbles debido a su alta compatibilidad.

Características principales

▶ **Simplicidad**

Su estructura es sencilla, lo que facilita su implementación y reduce la necesidad de recursos del sistema.

▶ **Amplia compatibilidad**

Puede utilizarse en distintos sistemas operativos, lo que lo convierte en una opción habitual para memorias USB y tarjetas de memoria.

▶ **Bajo consumo de recursos**

Resulta adecuado para dispositivos con capacidades limitadas.

Limitaciones

A pesar de sus ventajas, FAT presenta restricciones importantes:

▶ No permite gestionar archivos de gran tamaño (especialmente en versiones antiguas).

▶ Ofrece menores niveles de seguridad.

▶ Carece de funciones avanzadas como el cifrado o el control detallado de permisos.

▶ Es más vulnerable a la fragmentación.

Por estas razones, su uso suele limitarse a soportes portátiles donde la compatibilidad es prioritaria frente a la seguridad.

FAT32

Una de sus versiones más conocidas es **FAT32**, que mejoró la capacidad de almacenamiento respecto a versiones anteriores. Sin embargo, mantiene la limitación de tamaño máximo por archivo, lo que puede resultar problemático en determinados contextos profesionales.

10.2.2 NTFS

El sistema de archivos **NTFS (New Technology File System)** es el estándar utilizado por los sistemas Windows modernos. Fue diseñado para superar las limitaciones de FAT e incorporar funcionalidades avanzadas orientadas a la seguridad, la fiabilidad y el rendimiento.

Características principales

▼ **Mayor seguridad**

Permite establecer permisos de acceso a archivos y carpetas, restringiendo su uso a usuarios autorizados.

▼ **Soporte para archivos de gran tamaño**

Resulta adecuado para entornos donde se manejan bases de datos, proyectos multimedia o grandes volúmenes de información.

▼ **Registro de actividad (journaling)**

Incluye un sistema que registra los cambios antes de ejecutarlos, lo que facilita la recuperación tras fallos inesperados.

▼ **Cifrado de datos**

Permite proteger la información mediante tecnologías de encriptación.

▼ **Compresión**

Ofrece la posibilidad de reducir el tamaño de los archivos para optimizar el espacio disponible.

Ventajas en entornos profesionales

NTFS se adapta especialmente bien a organizaciones que requieren:

▼ Protección de la información.

▼ Control de accesos.

▼ Alta fiabilidad.

▼ Gestión eficiente del almacenamiento.

Por ello, es el sistema recomendado para discos internos en equipos actuales.

Comparación funcional con FAT

Mientras FAT prioriza la compatibilidad, NTFS se orienta a la seguridad y al rendimiento. La elección entre ambos dependerá del uso previsto del dispositivo.

En términos generales:

▼ FAT → dispositivos externos y portátiles.

▼ NTFS → discos internos y entornos profesionales.

Síntesis

La organización del disco y el sistema de archivos constituyen la base sobre la que se almacena toda la información de un equipo informático. Comprender su funcionamiento permite tomar decisiones más acertadas sobre particionado, seguridad y mantenimiento.

Mientras que FAT destaca por su compatibilidad, NTFS ofrece un entorno más robusto y seguro, adecuado para las exigencias tecnológicas actuales.

Dominar estos conceptos no solo mejora la eficiencia en el uso del sistema, sino que también contribuye a proteger uno de los activos más valiosos en cualquier organización: la información.

10.3 UNIDADES LÓGICAS DE ALMACENAMIENTO

Las unidades lógicas de almacenamiento son divisiones funcionales que el sistema operativo reconoce como espacios independientes dentro de uno o varios dispositivos físicos. Aunque el usuario perciba estas unidades como discos separados, en realidad pueden formar parte de un mismo disco duro previamente particionado.

Estas unidades permiten organizar la información de manera estructurada, facilitando el acceso a los datos y mejorando la administración del sistema.

Cuando un equipo dispone de varias unidades —por ejemplo, **C:, D: o E:**— cada una actúa como un contenedor capaz de almacenar archivos, aplicaciones y configuraciones. Esta separación contribuye a mantener el orden y reduce el riesgo de pérdida total de información.

Diferencia entre unidad física y unidad lógica

Es importante distinguir ambos conceptos:

▼ **Unidad física:**
Es el dispositivo material donde se almacenan los datos, como un disco duro (HDD), una unidad de estado sólido (SSD) o una memoria externa.

▼ **Unidad lógica:**
Es la partición que el sistema operativo crea dentro de ese dispositivo para gestionar el almacenamiento.

Un único disco físico puede contener varias unidades lógicas, cada una con su propio sistema de archivos.

Identificación de las unidades

Los sistemas operativos asignan letras o nombres para identificar cada unidad. En entornos Windows es habitual utilizar letras del alfabeto, mientras que en otros sistemas se emplean rutas de montaje.

Ejemplos habituales:

- **Unidad C:** suele contener el sistema operativo.
- **Unidad D:** puede destinarse a documentos o copias de seguridad.
- **Unidades externas:** se asignan automáticamente al conectarse.

Ventajas de trabajar con unidades lógicas

La división del almacenamiento ofrece múltiples beneficios:

- Mejora la organización de la información.
- Facilita la reinstalación del sistema operativo sin afectar a los datos.
- Permite aplicar distintas políticas de seguridad.
- Simplifica las copias de seguridad.
- Optimiza el rendimiento en determinados escenarios.

En entornos profesionales es frecuente reservar unidades específicas para bases de datos, aplicaciones corporativas o archivos compartidos.

Recomendaciones en la gestión de unidades

Para garantizar un uso eficiente se recomienda:

- Evitar saturar la unidad del sistema.
- Mantener espacio libre suficiente para el funcionamiento del sistema operativo.
- Etiquetar las unidades con nombres descriptivos.
- Revisar periódicamente su estado.

Una planificación adecuada del almacenamiento contribuye a prevenir incidencias y mejora la continuidad operativa.

10.4 ESTRUCTURACIÓN DE LOS DATOS

La estructuración de los datos consiste en organizar la información de forma coherente para facilitar su localización, uso y protección. Una estructura bien diseñada reduce el tiempo de búsqueda, evita duplicidades y mejora la eficiencia del trabajo.

Sin un criterio organizativo claro, los archivos tienden a acumularse de manera desordenada, lo que puede provocar pérdidas de información o retrasos en las tareas.

Principios básicos de organización

Una buena estructura debe cumplir varias condiciones:

- **Claridad:**
  Los nombres de carpetas y archivos deben ser comprensibles.
- **Coherencia:**
  Es recomendable seguir un mismo criterio en toda la organización.
- **Escalabilidad:**
  La estructura debe permitir el crecimiento sin volverse caótica.
- **Accesibilidad:**
  Los documentos deben poder localizarse rápidamente.

Modelos de estructuración

Existen distintos enfoques para organizar los datos. Algunos de los más utilizados son:

- **Estructura por proyectos**
  Adecuada para entornos donde se trabaja en tareas diferenciadas.
- **Estructura por departamentos**
  Frecuente en organizaciones empresariales.
- **Estructura cronológica**
  Útil para documentación histórica o administrativa.
- **Estructura por tipología documental**
  Permite separar informes, contratos, imágenes o recursos multimedia.

En la práctica, muchas organizaciones combinan varios modelos.

Impacto en la productividad

Una correcta estructuración permite:

- Reducir el tiempo dedicado a buscar archivos.
- Minimizar errores.
- Facilitar el trabajo colaborativo.
- Mejorar el control documental.

Por el contrario, una organización deficiente genera confusión y aumenta el riesgo de duplicidades.

Normalización de nombres

El uso de convenciones para nombrar archivos mejora notablemente la gestión. Algunas recomendaciones son:

- Evitar caracteres especiales.
- Utilizar fechas en formato estándar (AAAA-MM-DD).
- Incluir descriptores claros.
- Mantener criterios uniformes.

Ejemplo:
Informe_Ventas_2026_03.pdf.

Automatización y clasificación inteligente

Los sistemas modernos incorporan herramientas de indexación que permiten clasificar automáticamente la información, facilitando búsquedas avanzadas.

Además, la integración con servicios en la nube permite sincronizar estructuras entre distintos dispositivos.

10.5 CARPETAS O DIRECTORIOS

Las carpetas —también llamadas directorios— son contenedores diseñados para agrupar archivos y otras carpetas, creando una estructura jerárquica que facilita la organización del almacenamiento.

Podrían compararse con archivadores dentro de una oficina: cada uno contiene documentos relacionados y permite mantener el orden.

Función principal

Su objetivo es organizar la información de forma lógica para que pueda localizarse con rapidez y mantenerse protegida.

Una estructura típica puede incluir:

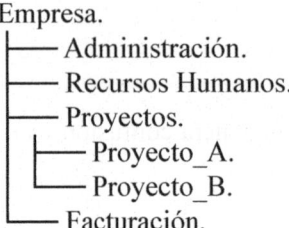

Empresa.
├── Administración.
├── Recursos Humanos.
├── Proyectos.
│   ├── Proyecto_A.
│   └── Proyecto_B.
└── Facturación.

Esta jerarquía simplifica la navegación y reduce la probabilidad de errores.

Creación y gestión de carpetas

El sistema operativo permite realizar diversas acciones:

▶ Crear nuevas carpetas.

▶ Renombrarlas.

▶ Moverlas.

▶ Eliminarlas.

▶ Compartirlas en red.

Estas operaciones forman parte de las competencias digitales básicas.

Carpetas compartidas

En entornos colaborativos es habitual habilitar carpetas accesibles para varios usuarios. Esto favorece el trabajo en equipo, aunque exige aplicar medidas de seguridad adecuadas.

Entre ellas destacan:

▶ Control de permisos.

▶ Restricción de edición.

▶ Auditoría de accesos.

Jerarquización eficiente

Una jerarquía excesivamente profunda puede dificultar la localización de documentos, mientras que una estructura demasiado simple puede generar desorden.

Se recomienda encontrar un equilibrio que permita navegar sin complicaciones.

Errores frecuentes

Algunas prácticas que conviene evitar:

- Crear carpetas sin criterio.
- Utilizar nombres ambiguos como "Varios".
- Duplicar estructuras.
- Almacenar archivos fuera de su ubicación lógica.

Carpetas especiales del sistema

Los sistemas operativos suelen incluir directorios predeterminados, como:

- Documentos.
- Imágenes.
- Descargas.
- Escritorio.

Estas ubicaciones ayudan a organizar la información desde el primer uso del equipo.

10.6 FICHEROS

Un fichero —también denominado archivo— es la unidad básica de almacenamiento de información dentro de un sistema informático. En él se guardan los datos que el usuario crea, modifica o consulta mediante distintas aplicaciones.

Todo documento digital es un fichero: desde un texto o una hoja de cálculo hasta una imagen, un vídeo o un programa informático.

El sistema operativo se encarga de gestionar estos elementos para que puedan almacenarse de forma organizada y recuperarse con rapidez cuando sea necesario.

Características principales de los ficheros

Cada fichero posee una serie de atributos que permiten identificarlo y administrarlo correctamente:

▶ **Nombre**

Es la etiqueta que permite reconocer el archivo. Debe ser claro y descriptivo para facilitar su localización.

▶ **Extensión**

Indica el formato del archivo y determina qué aplicación puede abrirlo. Por ejemplo, un archivo .docx suele abrirse con un procesador de textos.

▶ **Tamaño**

Se expresa en bytes, kilobytes, megabytes o gigabytes y representa el espacio que ocupa en la unidad de almacenamiento.

▶ **Ubicación**

Es la ruta donde se encuentra guardado dentro del sistema de carpetas.

▶ **Fecha de creación y modificación**

Permite conocer cuándo fue generado o editado por última vez.

Estos atributos forman parte de los llamados **metadatos**, esenciales para la organización y control documental.

Operaciones básicas con ficheros

El sistema operativo permite realizar múltiples acciones sobre los archivos:

▶ Crear nuevos documentos.

▶ Abrir archivos existentes.

▶ Modificar su contenido.

▶ Guardar los cambios.

▶ Copiar o mover información.

▶ Eliminar archivos innecesarios.

▶ Recuperarlos desde la papelera de reciclaje.

El dominio de estas operaciones constituye una competencia digital básica.

Ciclo de vida de un fichero

Desde su creación hasta su eliminación, un archivo atraviesa diferentes fases:

1. Creación.

2. Uso y edición.

3. Almacenamiento.

4. Copia de seguridad.

5. Archivado o eliminación.

Gestionar adecuadamente este ciclo ayuda a evitar pérdidas de información y favorece la eficiencia organizativa.

Recomendaciones en la gestión de ficheros

Se recomienda:

▸ Utilizar nombres descriptivos.
▸ Evitar duplicidades.
▸ Mantener una estructura coherente.
▸ Realizar copias de seguridad periódicas.
▸ Revisar y eliminar archivos obsoletos.

Una gestión ordenada facilita el trabajo diario y reduce errores.

10.7 TIPOS DE FICHEROS

Los archivos pueden clasificarse según su contenido, su función o la aplicación con la que se crean. Conocer los distintos tipos facilita la organización de la información y permite seleccionar el software adecuado para su apertura o edición.

Ficheros de documentos

Son aquellos que almacenan información textual o estructurada. Se utilizan habitualmente en entornos educativos y profesionales.

Ejemplos:

▶ Documentos de texto (.doc, .docx, .odt).

▶ Hojas de cálculo (.xls, .xlsx).

▶ Presentaciones (.ppt, .pptx).

▶ Archivos PDF (.pdf).

Destacan por su facilidad de edición y su importancia en la gestión administrativa.

Ficheros de imagen

Contienen representaciones gráficas y se emplean tanto en contextos personales como profesionales.

Formatos habituales:

▶ .jpg o .jpeg.
▶ .png.
▶ .gif.
▶ .bmp.

Algunos priorizan la calidad, mientras que otros reducen el tamaño mediante compresión.

Ficheros de audio y vídeo

Permiten almacenar contenido multimedia.

Ejemplos:

▶ Audio: .mp3, .wav.

▶ Vídeo: .mp4, .avi, .mkv.

Suelen ocupar mayor espacio debido a la cantidad de información que contienen.

Ficheros ejecutables

Son archivos capaces de iniciar programas o instalar aplicaciones.

Ejemplo:

▶ .exe en sistemas Windows.

Debe prestarse especial atención a su origen, ya que pueden contener software malicioso si se descargan de fuentes no confiables.

Ficheros comprimidos

Agrupan varios archivos en uno solo para reducir su tamaño o facilitar su transferencia.

Formatos comunes:

▼ .zip.

▼ .rar.

▼ .7z.

Son muy utilizados para compartir información.

Ficheros del sistema

Son esenciales para el funcionamiento del sistema operativo y normalmente permanecen ocultos para evitar modificaciones accidentales.

Alterarlos sin conocimientos técnicos puede provocar fallos graves.

Documento	Imagen	Audio	Vídeo	Ejecutable	Comprimido
.docx	.jpg	.mp3	.mp4	.exe	.zip
.pdf	.png	.wav	.avi	.msi	.rar
.txt	.gif	.ogg	.mkv	.bat	.7z
.rtf	.bmp	.aac	.mov		.tar

10.8 CARPETAS Y ARCHIVOS DEL SISTEMA

El sistema operativo requiere una serie de archivos y directorios específicos para funcionar correctamente. Estos elementos contienen configuraciones, controladores, bibliotecas y componentes esenciales.

Por razones de seguridad, muchos de ellos permanecen ocultos para la persona usuaria.

¿Qué son las carpetas del sistema?

Son directorios protegidos que almacenan los archivos necesarios para el arranque, la configuración y la ejecución de procesos básicos.

Ejemplos habituales en sistemas Windows:

▶ **Windows:** contiene los archivos principales del sistema operativo.

▶ **System32:** alberga bibliotecas y componentes críticos.

▶ **Program Files:** incluye las aplicaciones instaladas.

▶ **Users:** guarda los perfiles de usuario.

Modificar estos directorios sin autorización puede comprometer la estabilidad del equipo.

Archivos esenciales del sistema

Entre los más importantes se encuentran:

▶ **Archivos de configuración**
Definen parámetros de funcionamiento.

▶ **Bibliotecas del sistema**
Proporcionan funciones que utilizan múltiples programas.

▶ **Controladores (drivers)**
Permiten la comunicación entre el sistema operativo y el hardware.

▶ **Archivos de arranque**
Son indispensables para iniciar el sistema.

Protección de estos elementos

Los sistemas operativos aplican diversas medidas para evitar alteraciones accidentales:

▶ Permisos restringidos.

▶ Ocultación de archivos.

▶ Solicitud de privilegios administrativos.

▶ Herramientas de recuperación.

Estas barreras ayudan a preservar la integridad del sistema.

Recomendaciones de uso

Para evitar incidencias se aconseja:

- No eliminar archivos del sistema.
- No modificar configuraciones sin conocimiento técnico.
- Utilizar herramientas oficiales para mantenimiento.
- Crear puntos de restauración antes de realizar cambios importantes.

En entornos profesionales, estas tareas suelen recaer en personal especializado.

10.9 ESTRUCTURA Y CONFIGURACIÓN DEL EXPLORADOR DE ARCHIVOS

El explorador de archivos es una de las herramientas fundamentales del sistema operativo, ya que permite visualizar, organizar y gestionar la información almacenada en las distintas unidades del equipo. A través de esta utilidad, la persona usuaria puede navegar por carpetas, localizar documentos, administrar dispositivos y realizar operaciones básicas sobre los archivos.

En los sistemas Windows actuales, el explorador presenta una interfaz intuitiva que facilita su utilización incluso a personas con escasa experiencia tecnológica. No obstante, conocer su estructura y posibilidades de configuración permite aprovechar todo su potencial y trabajar con mayor eficiencia.

Función principal del explorador de archivos

El explorador actúa como un intermediario entre el usuario y el sistema de almacenamiento, mostrando de forma organizada los elementos disponibles. Su uso es constante en la actividad diaria, tanto en entornos personales como profesionales.

Entre sus funciones más relevantes se encuentran:

- Acceder a unidades de almacenamiento.
- Visualizar carpetas y archivos.
- Realizar búsquedas.
- Copiar, mover o eliminar documentos.
- Crear nuevas estructuras de carpetas.
- Gestionar dispositivos externos.

Dominar esta herramienta es una competencia básica dentro de la alfabetización digital.

Estructura del explorador

Aunque puede variar ligeramente según la versión del sistema operativo, el explorador suele organizarse en varias áreas claramente diferenciadas:

▶ **Panel de navegación**
Situado generalmente en el lateral izquierdo, permite acceder rápidamente a ubicaciones frecuentes como Documentos, Descargas o Imágenes, además de mostrar las unidades disponibles.

▶ **Área de contenido**
Ocupa la parte central y muestra los archivos y carpetas de la ubicación seleccionada.

▶ **Barra de direcciones**
Indica la ruta exacta donde se encuentra el usuario dentro de la estructura de carpetas.

▶ **Cinta de opciones o barra de herramientas**
Incluye accesos directos a acciones habituales como copiar, pegar, ordenar o crear carpetas.

▶ **Cuadro de búsqueda**
Permite localizar archivos introduciendo palabras clave, fechas o tipos de documento.

Comprender la función de cada zona facilita la navegación y reduce el tiempo necesario para encontrar información.

Configuración del explorador

El sistema operativo permite personalizar el explorador para adaptarlo a las preferencias del usuario y mejorar la experiencia de trabajo.

Acceso a la configuración del Explorador de archivos

Para comenzar, es necesario abrir el Explorador de archivos y localizar el panel desde el cual se gestionan sus opciones.

▶ **Pasos:**
1. Pulsa **Windows + E** para abrir el Explorador de archivos.
2. Haz clic en el icono de los **tres puntos (…)** situado en la barra superior.
3. Selecciona **Opciones** en el menú desplegable.
4. Se abrirá la ventana **Opciones de carpeta**, donde se concentran los principales parámetros de configuración.

Desde este panel es posible modificar el comportamiento del explorador, la forma en que se visualizan los archivos y los criterios de búsqueda.

Configuración general

La pestaña **General** permite establecer el funcionamiento básico del Explorador.

> ⮚ **Elementos más importantes que pueden configurarse**
>
> - **Abrir el Explorador en:** permite elegir si se inicia en Acceso rápido o en Este equipo. Muchos usuarios prefieren "Este equipo" para acceder directamente a las unidades de almacenamiento.
>
> - **Privacidad:** ofrece la posibilidad de mostrar u ocultar archivos recientes y carpetas frecuentes. Si se busca mayor confidencialidad, puede desactivarse esta opción.
>
> - **Borrar historial:** elimina el registro de archivos abiertos recientemente.

ⓘ Recomendación

En entornos compartidos conviene borrar el historial periódicamente para proteger la información.

Configuración de la vista

La pestaña **Ver** controla cómo se muestran los elementos dentro de las carpetas.

> ⮚ **Ajustes más utilizados**
>
> - **Mostrar archivos, carpetas y unidades ocultos:** útil para tareas técnicas o de mantenimiento.
>
> - **Ocultar archivos protegidos del sistema operativo:** se recomienda mantener esta opción activada para evitar modificaciones accidentales.
>
> - **Mostrar extensiones de nombre de archivo:** muy recomendable en entornos profesionales, ya que permite identificar el tipo de archivo y prevenir errores de seguridad.
>
> - **Usar casillas para seleccionar elementos:** facilita la selección múltiple mediante casillas de verificación.
>
> - **Abrir ventanas de carpeta en un proceso independiente:** puede mejorar la estabilidad si el explorador se bloquea.

Tras realizar los cambios, es importante pulsar **Aplicar** y posteriormente **Aceptar**.

Personalización del diseño de carpetas

Además de las opciones generales, el Explorador permite modificar el modo en que se visualiza el contenido.

▶ **Cómo hacerlo**

1. Abre cualquier carpeta.

2. Pulsa el botón **Ver** en la barra superior.

3. Selecciona el tipo de visualización:
   - Iconos muy grandes.
   - Iconos grandes.
   - Iconos medianos.
   - Lista.
   - Detalles.
   - Mosaicos.
   - Contenido.

La vista **Detalles** es especialmente útil en contextos profesionales porque muestra información como tamaño, tipo y fecha de modificación.

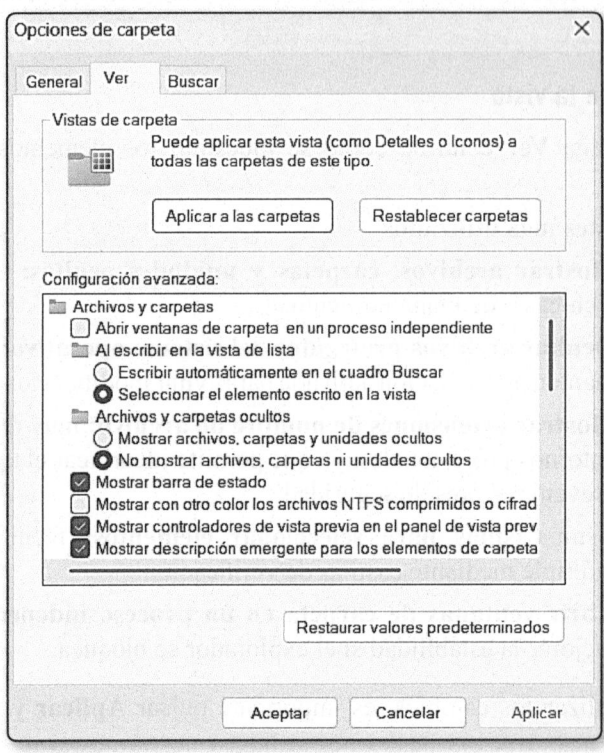

También es posible **ordenar y agrupar archivos** por nombre, fecha o tipo, lo que facilita la localización de documentos.

Configuración del panel de navegación

El panel lateral ayuda a desplazarse rápidamente entre ubicaciones.

▾ **Para configurarlo**

1. Haz clic en **Ver → Mostrar → Panel de navegación**.

2. Activa o desactiva las opciones disponibles.

▾ **Opciones destacadas**

- Mostrar todas las carpetas.

- Expandir automáticamente hasta la carpeta actual.

- Mostrar bibliotecas.

Una estructura visible mejora la orientación dentro del sistema de archivos.

Gestión del acceso rápido

El **Acceso rápido** reúne las carpetas más utilizadas para reducir tiempos de búsqueda.

▾ **Cómo anclar una carpeta**

1. Haz clic derecho sobre la carpeta deseada.

2. Selecciona **Anclar a Acceso rápido**.

▾ **Cómo quitarla**

1. Haz clic derecho sobre el elemento.

2. Pulsa **Desanclar de Acceso rápido**.

Mantener solo las ubicaciones realmente necesarias evita la saturación visual.

Configuración de las opciones de búsqueda

La pestaña **Buscar** permite ajustar cómo el sistema localiza archivos.

▶ **Parámetros relevantes**

- Incluir subcarpetas en las búsquedas.
- Buscar coincidencias parciales.
- Utilizar el índice para acelerar resultados.
- Permitir búsquedas en ubicaciones no indexadas.

Para equipos con gran volumen de información, el uso del índice mejora notablemente la velocidad.

Restaurar la configuración predeterminada

Si se han realizado cambios que dificultan el uso del Explorador, es posible volver a la configuración original.

▶ **Pasos**

1. Accede nuevamente a **Opciones de carpeta**.
2. Dirígete a la pestaña correspondiente.
3. Pulsa **Restaurar valores predeterminados**.
4. Confirma con **Aplicar** y **Aceptar**.

Esta acción resulta útil para resolver comportamientos inesperados.

Entre las opciones de configuración más utilizadas destacan:

▶ **Cambio de vista**

Permite elegir cómo se muestran los archivos:

- Iconos grandes.
- Iconos medianos.
- Lista.
- Detalles.

La vista de detalles resulta especialmente útil en contextos profesionales, ya que muestra información como tamaño, tipo o fecha de modificación.

⚐ **Ordenación de archivos**

Es posible organizar los elementos por nombre, fecha, tamaño o tipo, lo que facilita la localización.

⚐ **Mostrar u ocultar archivos**

El sistema permite visualizar archivos ocultos, opción que debe utilizarse con precaució¢n, ya que muchos pertenecen al sistema operativo.

⚐ **Acceso rápido**

Permite fijar carpetas de uso frecuente para acceder a ellas con mayor rapidez.

⚐ **Extensiones de archivo**

Activar la visualización de extensiones ayuda a identificar el formato real de cada documento, mejorando la seguridad.

Importancia de una correcta configuración

Un explorador bien configurado contribuye a:

⚐ Reducir tiempos de búsqueda.

⚐ Mejorar la organización documental.

⚐ Evitar errores.

⚐ Incrementar la productividad.

En entornos laborales, una configuración homogénea entre equipos facilita el trabajo colaborativo.

Operaciones con archivos

Las operaciones con archivos comprenden el conjunto de acciones que permiten gestionar la información almacenada en el sistema. Estas tareas forman parte del uso cotidiano del ordenador y resultan imprescindibles para mantener el orden y la eficiencia.

Operaciones básicas

⚐ **Abrir archivos**

Permite acceder al contenido mediante la aplicación correspondiente.

▸ **Copiar**

Genera una réplica del archivo en otra ubicación sin eliminar el original.

▸ **Mover**

Traslada el archivo a un nuevo destino, desapareciendo de la ubicación inicial.

▸ **Eliminar**

Envía el archivo a la papelera de reciclaje, desde donde puede recuperarse antes de su eliminación definitiva.

▸ **Renombrar**

Facilita la identificación del contenido mediante nombres más descriptivos.

El dominio de estas acciones mejora notablemente la autonomía digital.

Métodos para realizar operaciones

Existen distintas formas de ejecutar estas acciones:

▸ Menú contextual (clic derecho).

▸ Combinaciones de teclado.

▸ Arrastrar y soltar.

▸ Opciones de la barra de herramientas.

El uso de atajos de teclado, como **Ctrl + C** para copiar o **Ctrl + V** para pegar, agiliza el trabajo.

Selección de archivos

Antes de realizar cualquier operación es necesario seleccionar los elementos deseados. Puede hacerse de varias maneras:

▸ Selección individual.

▸ Selección múltiple manteniendo presionada la tecla Ctrl.

▸ Selección de rangos mediante la tecla Shift.

Esta funcionalidad resulta especialmente útil cuando se trabaja con grandes volúmenes de información.

Riesgos asociados a una gestión incorrecta

Manipular archivos sin atención puede provocar:

- Pérdida de información.
- Duplicidades.
- Desorganización.
- Problemas de seguridad.

Por ello, es recomendable confirmar las acciones antes de ejecutarlas, especialmente cuando implican eliminación o traslado.

Buenas prácticas

Para mantener un entorno ordenado se aconseja:

- Revisar periódicamente las carpetas.
- Evitar acumular archivos innecesarios.
- Utilizar nombres coherentes.
- Realizar copias de seguridad.

Creación de archivos

La creación de archivos es el punto de partida de cualquier actividad digital. Cada documento que se genera pasa a formar parte del sistema de información del usuario o de la organización.

Procedimiento básico de creación

Existen diversas formas de crear un archivo:

- **Desde una aplicación**
  Al elaborar un documento y guardarlo por primera vez.

- **Desde el explorador de archivos**
  Mediante la opción "Nuevo", que permite generar archivos vacíos de distintos tipos.

- **Mediante plantillas**
  Algunos programas ofrecen modelos prediseñados que agilizan la creación.

Elección de la ubicación

Seleccionar correctamente la carpeta de destino es fundamental para evitar desorden. Guardar archivos en ubicaciones temporales puede dificultar su posterior localización.

Se recomienda almacenarlos directamente en la estructura organizada del sistema.

Nombrado adecuado

El nombre del archivo debe reflejar su contenido. Un buen criterio de nomenclatura permite identificar documentos sin necesidad de abrirlos.

Ejemplo recomendado:
Proyecto_Formación_2026.docx

Evitar nombres genéricos como "Documento1" reduce la confusión.

Guardado y versiones

Guardar periódicamente evita la pérdida de información ante fallos inesperados. Además, cuando se realizan modificaciones importantes, puede ser útil conservar versiones anteriores.

Creación en entornos colaborativos

En organizaciones donde varios usuarios trabajan sobre la misma documentación, es importante seguir normas comunes para la creación de archivos, tales como:

▶ Uso de plantillas corporativas.

▶ Control de versiones.

▶ Ubicación compartida.

Estas prácticas favorecen la coherencia documental.

Continuamos con el desarrollo del manual manteniendo el enfoque técnico-didáctico propio de los certificados de profesionalidad, con explicaciones amplias, estructuradas y orientadas a la aplicación práctica en entornos reales de trabajo.

10.10 COPIAR Y MOVER

Las operaciones de copiar y mover archivos forman parte de las tareas más habituales en la gestión de la información digital. Ambas permiten reorganizar documentos dentro del sistema de almacenamiento, facilitando el acceso a los datos y mejorando la estructura documental.

Aunque pueden parecer acciones similares, es fundamental comprender sus diferencias para evitar errores que puedan provocar pérdidas de información o duplicidades innecesarias.

Diferencia entre copiar y mover

Copiar consiste en crear una réplica exacta de un archivo o carpeta en una nueva ubicación, manteniendo el original en su lugar inicial.

Mover, en cambio, implica trasladar el archivo a otro destino, desapareciendo de la ubicación anterior.

Esta distinción es especialmente importante en entornos profesionales donde la trazabilidad de los documentos resulta crítica.

¿Cuándo conviene copiar?

La copia es recomendable cuando:

- Se necesita una versión de respaldo.
- Se va a modificar un documento sin alterar el original.
- Es necesario compartir información con otros departamentos.
- Se trabaja con plantillas reutilizables.

Mantener copias de seguridad reduce el impacto de posibles errores humanos.

¿Cuándo conviene mover?

Mover archivos es útil para:

- Reorganizar carpetas.
- Liberar espacio en determinadas unidades.
- Clasificar documentos correctamente.
- Centralizar la información en repositorios comunes.

Sin embargo, debe realizarse con atención para evitar romper rutas de acceso utilizadas por otras aplicaciones o usuarios.

Métodos para copiar y mover

El sistema operativo ofrece varias formas de realizar estas operaciones:

Mediante el menú contextual
Clic derecho → copiar o cortar → pegar.

Usando el teclado

- Ctrl + C → copiar.

- Ctrl + X → cortar (mover).

- Ctrl + V → pegar.

- **Arrastrar y soltar**
  Permite trasladar archivos con rapidez entre carpetas.

- **Desde la barra de herramientas**
  Disponible en el explorador de archivos.

El uso de atajos de teclado mejora la productividad, especialmente cuando se trabaja con grandes volúmenes de documentos.

Riesgos asociados

Una gestión incorrecta puede provocar:

- Duplicación innecesaria de archivos.
- Pérdida de versiones actualizadas.
- Desorganización documental.
- Falta de sincronización entre equipos.

Por ello, es recomendable verificar siempre el destino antes de completar la operación.

10.11 ELIMINACIÓN Y RECUPERACIÓN

La eliminación de archivos es una tarea necesaria para liberar espacio de almacenamiento y mantener el sistema organizado. No obstante, debe realizarse con precaución para evitar la pérdida de información relevante.

¿Qué ocurre cuando se elimina un archivo?

En la mayoría de los sistemas operativos, al eliminar un archivo este no desaparece de inmediato, sino que se traslada a la **papelera de reciclaje**, un espacio temporal desde el cual puede recuperarse si ha sido borrado por error.

Este mecanismo actúa como una medida de protección frente a eliminaciones accidentales.

Eliminación definitiva

Cuando la papelera se vacía, el sistema marca ese espacio como disponible para nuevos datos. Aunque existen herramientas de recuperación avanzada, no siempre garantizan el éxito.

Por ello, conviene revisar cuidadosamente el contenido antes de proceder al borrado permanente.

Recuperación de archivos

Restaurar un archivo desde la papelera es un proceso sencillo que permite devolverlo a su ubicación original.

Sin embargo, si el archivo ha sido eliminado de forma definitiva, la recuperación dependerá de factores como:

- El tiempo transcurrido.
- El uso posterior del disco.
- La existencia de copias de seguridad.

Eliminación segura

En entornos profesionales, especialmente cuando se trabaja con información sensible, puede ser necesario aplicar métodos de borrado seguro que impidan la recuperación de los datos.

Esto resulta habitual en organizaciones que manejan información confidencial.

Importancia de las copias de seguridad

Antes de eliminar grandes volúmenes de información, es recomendable comprobar si existe una copia actualizada. Esta práctica protege frente a errores y facilita la continuidad operativa.

Errores frecuentes

Algunas situaciones que deben evitarse:

- ▰ Eliminar archivos sin verificar su contenido.
- ▰ Vaciar la papelera automáticamente.
- ▰ Borrar documentos compartidos sin consultar.
- ▰ No disponer de respaldo.

Adoptar hábitos responsables reduce significativamente estos riesgos.

10.12 BÚSQUEDA DE ARCHIVOS

A medida que aumenta la cantidad de información almacenada, localizar un documento manualmente puede convertirse en una tarea lenta e ineficiente. Para solucionar este problema, los sistemas operativos incorporan potentes herramientas de búsqueda.

Estas utilidades permiten encontrar archivos en cuestión de segundos, incluso en unidades con miles de documentos.

Herramientas de búsqueda del sistema

El explorador de archivos integra un cuadro de búsqueda que analiza el contenido indexado del equipo.

La indexación es un proceso mediante el cual el sistema crea un catálogo interno que acelera la localización de los archivos.

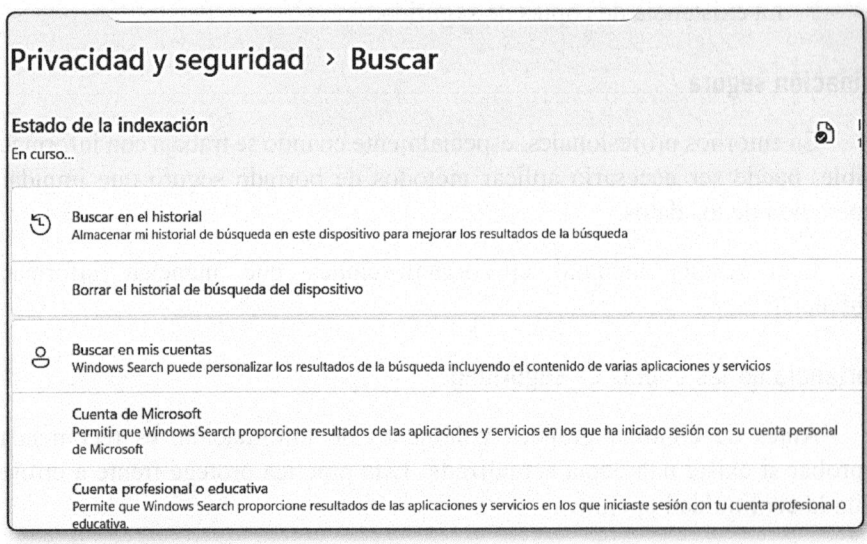

Métodos de búsqueda

Existen diferentes criterios que pueden utilizarse:

▱ **Por nombre**
Es la forma más rápida cuando se conoce el identificador del archivo.

▱ **Por tipo**
Permite localizar, por ejemplo, solo documentos PDF o imágenes.

▱ **Por fecha**
Útil para recuperar archivos recientes.

▱ **Por tamaño**
Facilita la detección de archivos que ocupan mucho espacio.

▱ **Por contenido**
Algunos sistemas permiten buscar palabras dentro de los propios documentos.

Uso de filtros

Aplicar filtros reduce el número de resultados y mejora la precisión de la búsqueda. Esta técnica resulta especialmente valiosa en entornos profesionales con grandes repositorios de información.

Ventajas de una búsqueda eficiente

▱ Ahorra tiempo.
▱ Incrementa la productividad.
▱ Reduce la frustración del usuario.
▱ Facilita la gestión documental.

No obstante, la eficacia de la búsqueda depende en gran medida de una correcta organización previa.

Recomendaciones para facilitar la localización

Para optimizar las búsquedas se aconseja:

▱ Utilizar nombres descriptivos.
▱ Evitar abreviaturas ambiguas.
▱ Mantener estructuras de carpetas coherentes.
▱ Eliminar archivos obsoletos.

Una organización adecuada convierte la búsqueda en un proceso rápido y eficaz.

ACTIVIDADES

Actividad 1. Diseño de particionado y unidades lógicas

Objetivo: aplicar la organización lógica del disco mediante particiones y unidades.

Desarrollo: plantea la organización de un disco de 500 GB para un equipo de trabajo. Debes crear, al menos, estas particiones:

- Partición del sistema (para Windows y programas).
- Partición de datos (documentos de usuario y trabajo).
- Partición de recuperación (herramientas de restauración).

Elabora una tabla que incluya:

- Nombre de la partición.
- Letra de unidad asignada (por ejemplo, C:, D:).
- Tamaño recomendado.
- Sistema de archivos (NTFS/FAT32).
- Finalidad de la partición.

Resultado esperado: comprender cómo la segmentación del disco mejora la organización, la seguridad y la recuperación del sistema.

Actividad 2. Elección del sistema de archivos según el uso

Objetivo: diferenciar FAT/FAT32 y NTFS y seleccionar el sistema adecuado según el contexto.

Desarrollo: para cada uno de los siguientes casos, indica qué sistema de archivos elegirías (FAT/FAT32 o NTFS) y justifica tu decisión:

- Pendrive para intercambiar archivos entre distintos equipos.
- Disco interno principal de un PC de oficina.
- Disco externo para copias de seguridad con información sensible.

Incluye en tu justificación al menos estos criterios:

- Compatibilidad.
- Seguridad (permisos/cifrado).
- Tamaño máximo de archivo.
- Uso habitual (portátil/interno/profesional).

Resultado esperado: seleccionar sistemas de archivos de forma razonada, priorizando necesidades reales de uso.

Actividad 3. Creación de una estructura de carpetas profesional

Objetivo: estructurar los datos de forma coherente, escalable y fácil de mantener.

Desarrollo: diseña una estructura de carpetas para una organización con estas áreas:

- Administración.
- Comercial.
- Proyectos.

Dentro de "Proyectos", crea al menos dos proyectos diferentes y define subcarpetas internas (por ejemplo, documentación, entregables, reuniones, recursos).

A continuación, crea una convención de nombres para archivos que incluya:

- Fecha (AAAA-MM-DD).
- Tema o contenido.
- Versión (v1, v2, final).

Ejemplo: 2026-02-12_informe_ventas_v2.pdf.

Resultado esperado: mejorar la productividad y reducir pérdidas de tiempo mediante organización documental.

Actividad 4. Identificación y clasificación de ficheros por tipo

Objetivo: reconocer tipos de archivos y su uso, relacionando extensión y finalidad.

Desarrollo: crea una lista de 15 ficheros (inventados) que incluya, al menos:

- 4 documentos (docx, xlsx, pdf, pptx).
- 4 imágenes (jpg, png, gif, bmp).
- 2 archivos de audio o vídeo (mp3, wav, mp4, avi).
- 2 comprimidos (zip, rar, 7z).
- 2 ejecutables o instaladores (exe, msi).
- 1 archivo del sistema o configuración (dll, sys, ini).

Elabora una tabla con:

- Nombre del archivo.
- Extensión.
- Tipo de fichero.
- Aplicación habitual para abrirlo.
- Carpeta recomendada donde guardarlo.

Resultado esperado: identificar rápidamente formatos y adoptar decisiones correctas de almacenamiento.

Actividad 5. Seguridad y prevención con carpetas y archivos del sistema

Objetivo: comprender la función de los archivos/carpetas del sistema y aplicar prácticas seguras.

Desarrollo: investiga (a nivel usuario) para qué sirven estas carpetas típicas en Windows:

- Windows.
- System32.
- Program Files.
- Users.

Explica brevemente qué riesgos existen si se elimina o modifica contenido dentro de estas ubicaciones.

Elabora una lista de 5 buenas prácticas para evitar problemas, por ejemplo:

- No borrar archivos del sistema.
- Usar cuentas con permisos limitados.
- Crear puntos de restauración antes de cambios importantes.
- Instalar software solo de fuentes confiables.
- Mantener copias de seguridad.

Resultado esperado: adoptar hábitos responsables que protejan la estabilidad del sistema y la integridad de la información.

PREGUNTAS TIPO TEST

1. ¿Cuál es la función principal de un sistema de archivos?
   a) Aumentar la velocidad del procesador.
   b) Organizar y localizar archivos dentro de una unidad de almacenamiento.
   c) Enfriar el disco duro.
   d) Sustituir la memoria RAM.

2. ¿Qué ventaja aporta particionar un disco en "Sistema" y "Datos" en un entorno profesional?
   a) Impide instalar aplicaciones.
   b) Permite reinstalar el sistema sin afectar a los documentos si se gestiona correctamente.
   c) Elimina la necesidad de copias de seguridad.
   d) Reduce automáticamente el tamaño de los archivos.

3. ¿Cuál es una característica destacada de FAT/FAT32?
   a) Incorpora cifrado avanzado.
   b) Es el sistema más seguro para entornos corporativos.
   c) Ofrece gran compatibilidad entre dispositivos.
   d) No puede utilizarse en memorias USB.

4. ¿Qué ventaja principal ofrece NTFS frente a FAT?

a) Menor capacidad de almacenamiento.

b) Permite permisos de acceso y mayor seguridad.

c) Solo funciona en discos externos.

d) No admite archivos grandes.

5. ¿Cuál es la diferencia entre unidad física y unidad lógica?

a) La unidad lógica es el dispositivo real y la física es la partición.

b) Ambas son lo mismo.

c) La unidad física es el dispositivo material y la lógica es la partición reconocida por el sistema.

d) La unidad lógica solo existe en servidores.

RESPUESTAS

1. B.

2. B.

3. C.

4. B.

5. C.

11

CONFIGURACIÓN DE LAS OPCIONES DE ACCESIBILIDAD

La accesibilidad es un conjunto de funcionalidades integradas en el sistema operativo cuyo objetivo es facilitar el uso del equipo a todas las personas, independientemente de sus capacidades físicas, sensoriales o cognitivas. Estas herramientas permiten adaptar el entorno de trabajo para garantizar una interacción más cómoda, eficiente e inclusiva.

En los sistemas operativos modernos, como Windows, las opciones de accesibilidad han evolucionado notablemente, ofreciendo soluciones que mejoran la experiencia de uso no solo para personas con necesidades específicas, sino también para cualquier usuario que desee personalizar la forma en que interactúa con el ordenador.

Configurar correctamente estas opciones contribuye a reducir la fatiga visual, mejorar la precisión al escribir o manejar el puntero, y favorecer la autonomía digital. En entornos profesionales y educativos, la accesibilidad también se considera un elemento clave para promover la igualdad de oportunidades.

Las herramientas de accesibilidad suelen encontrarse en el apartado **Configuración > Accesibilidad**, desde donde es posible activar o modificar diferentes parámetros según las preferencias del usuario.

Accesibilidad

Visión

AA	**Tamaño de texto** Tamaño de texto que aparece en Windows y las aplicaciones	>
✦	**Efectos visuales** Barras de desplazamiento, transparencia, animaciones, tiempo de espera de notificación	>
↳	**Puntero del mouse y entrada táctil** Color de puntero del mouse, tamaño	>
|Ab	**Cursor de texto** Apariencia y grosor, indicador de cursor de texto	>
⊕	**Lupa** Lectura de lupa, incremento de zoom	>
◔	**Filtros de color** Filtros de dación de color, escala de grises, invertidos	>
◐	**Temas de contraste** Temas de color para deficiencias visuales, sensibilidad clara	>
℗	**Narrador** Voz, nivel de detalle, teclado, Braille	>

11.1 OPCIONES PARA FACILITAR LA VISUALIZACIÓN DE PANTALLA

La visualización de la pantalla es un factor determinante en la comodidad y la salud digital. Un entorno mal configurado puede provocar fatiga ocular, dolores de cabeza o dificultades para interpretar la información.

Los sistemas operativos incorporan diversas herramientas destinadas a mejorar la legibilidad y adaptar el contenido a las necesidades visuales de cada persona.

Entre las opciones más utilizadas destacan:

Cambio de tamaño del texto y los elementos

Permite ampliar fuentes, iconos y ventanas sin afectar a la resolución general, facilitando la lectura.

Modo de alto contraste

Incrementa la diferencia entre colores, lo que ayuda a distinguir mejor los elementos de la interfaz.

Filtros de color

Diseñados especialmente para personas con daltonismo u otras dificultades en la percepción cromática.

Lupa o ampliador de pantalla

Herramienta que aumenta temporalmente una zona concreta para visualizar detalles con mayor precisión.

Ajuste del brillo y la luz nocturna

Reduce la emisión de luz azul para minimizar la fatiga visual, especialmente en jornadas prolongadas.

Importancia en el entorno profesional

Una correcta configuración de la pantalla permite:

- Reducir el cansancio visual.
- Mejorar la productividad.
- Disminuir errores derivados de una mala lectura.
- Favorecer el bienestar laboral.

Además, adaptar la visualización no debe considerarse una medida excepcional, sino una práctica recomendable dentro de la ergonomía informática.

11.2 USO DE NARRADORES

El narrador es una herramienta de accesibilidad que convierte el texto en voz, permitiendo interactuar con el sistema operativo sin necesidad de depender exclusivamente de la vista. Resulta especialmente útil para personas con discapacidad visual, aunque también puede emplearse en situaciones donde la lectura directa no sea posible.

El narrador interpreta los elementos que aparecen en pantalla —menús, botones, documentos o páginas web— y los reproduce mediante síntesis de voz.

Funciones principales del narrador

▶ Leer el contenido de documentos y ventanas.

▶ Describir acciones realizadas en el sistema.

▶ Identificar enlaces y controles en páginas web.

▶ Guiar al usuario durante la navegación.

▶ Facilitar la escritura mediante retroalimentación auditiva.

Muchos narradores permiten ajustar parámetros como la velocidad de lectura, el tono de voz o el volumen, adaptándose a las preferencias individuales.

Ventajas del uso de narradores

▶ Favorecen la autonomía tecnológica.

▶ Mejoran la accesibilidad a la información.

▶ Permiten realizar tareas sin depender de la lectura visual.

▶ Facilitan el aprendizaje en entornos digitales.

En el ámbito educativo, estas herramientas también pueden apoyar procesos de comprensión lectora o revisión de textos.

No obstante, es recomendable complementar su uso con auriculares en espacios compartidos para evitar distracciones.

11.3 OPCIONES PARA HACER MÁS FÁCIL EL USO DEL TECLADO O DEL RATÓN

El teclado y el ratón son los principales dispositivos de interacción con el sistema. Sin embargo, no todas las personas poseen la misma destreza motora, por lo que los sistemas operativos incorporan ajustes destinados a simplificar su utilización.

Estas opciones permiten adaptar la sensibilidad, la respuesta y el comportamiento de los dispositivos, mejorando la precisión y reduciendo el esfuerzo físico.

Opciones relacionadas con el teclado

Teclas especiales o adhesivas

Permiten ejecutar combinaciones de teclas (como Ctrl + Alt + Supr) pulsándolas de forma secuencial en lugar de simultánea.

Teclas de filtro

Evitan la repetición accidental de caracteres cuando una tecla se mantiene presionada.

Teclas de alternancia

Emiten avisos sonoros al activar funciones como Bloq Mayús o Bloq Num.

Teclado en pantalla

Muestra un teclado virtual que puede utilizarse mediante el ratón o pantallas táctiles.

Opciones relacionadas con el ratón

Ajuste de la velocidad del puntero

Permite adaptar el movimiento del cursor a la precisión deseada.

Cambio del tamaño y color del puntero

Facilita su localización en la pantalla.

Bloqueo de clic

Permite arrastrar elementos sin mantener presionado el botón.

Control mediante teclado

En algunos sistemas, el puntero puede manejarse con teclas numéricas.

Beneficios de estas configuraciones

▼ Reducen la fatiga muscular.

▼ Mejoran la precisión.

▼ Incrementan la comodidad de uso.

▼ Favorecen la accesibilidad universal.

En entornos laborales donde se realizan tareas repetitivas, estos ajustes también contribuyen a prevenir molestias físicas asociadas al uso prolongado del ordenador.

11.4 IMPORTANCIA DE LA ACCESIBILIDAD EN LOS SISTEMAS ACTUALES

La accesibilidad no debe entenderse únicamente como un conjunto de herramientas destinadas a usuarios con necesidades específicas, sino como un principio de diseño que busca que la tecnología sea utilizable por el mayor número de personas posible.

Un sistema accesible:

▼ Favorece la inclusión digital.

▼ Mejora la experiencia de uso.

▼ Incrementa la eficiencia.

▼ Reduce barreras tecnológicas.

▼ Facilita la adaptación a distintos contextos de trabajo.

Además, muchas organizaciones integran políticas de accesibilidad dentro de sus estrategias de transformación digital, conscientes de que un entorno tecnológico adaptable es sinónimo de productividad y bienestar.

En definitiva, configurar las opciones de accesibilidad permite transformar el sistema operativo en un entorno flexible, capaz de ajustarse a las características individuales de cada usuario y de garantizar una interacción más cómoda, segura y eficiente.

11.5 RECONOCIMIENTO DE VOZ

El reconocimiento de voz es una tecnología que permite interactuar con el sistema operativo mediante comandos hablados, transformando la voz en instrucciones ejecutables. Esta herramienta representa un avance significativo en materia de accesibilidad, ya que facilita el uso del ordenador sin depender exclusivamente del teclado o del ratón.

Los sistemas operativos actuales integran motores de reconocimiento cada vez más precisos, capaces de interpretar el lenguaje natural y adaptarse al modo de hablar del usuario. Gracias a esta evolución, el reconocimiento de voz no solo se emplea como apoyo a personas con movilidad reducida, sino también como un recurso que mejora la productividad en múltiples entornos profesionales.

El sistema puede utilizarse para dictar textos, abrir aplicaciones, navegar por Internet o controlar configuraciones básicas, reduciendo la necesidad de interacción manual.

Funcionamiento básico

El proceso se apoya en algoritmos de inteligencia artificial que analizan el sonido captado por el micrófono, lo convierten en datos digitales y lo comparan con patrones lingüísticos previamente aprendidos. Para garantizar un buen rendimiento, es recomendable utilizar micrófonos de calidad y trabajar en entornos con bajo nivel de ruido.

Principales utilidades del reconocimiento de voz

Dictado de documentos

Permite redactar textos de forma rápida, lo que resulta especialmente útil para informes extensos o comunicaciones frecuentes.

Ejecución de comandos

El usuario puede abrir programas, cerrar ventanas o desplazarse por menús mediante órdenes verbales.

Control del sistema

Facilita acciones como ajustar el volumen, activar funciones o realizar búsquedas.

Accesibilidad para personas con movilidad reducida

Reduce la dependencia de dispositivos físicos.

Ventajas en el entorno profesional

▸ Aumenta la velocidad de redacción.

▸ Reduce la fatiga derivada del uso continuado del teclado.

▸ Favorece la multitarea.

▸ Mejora la accesibilidad tecnológica.

No obstante, para obtener resultados óptimos es recomendable realizar un proceso inicial de calibración que permita al sistema adaptarse a la pronunciación del usuario.

Recomendaciones de uso

▸ Hablar con claridad y a un ritmo moderado.

▸ Evitar ruidos de fondo.

▸ Revisar los textos dictados para corregir posibles errores.

▸ Actualizar el sistema para mejorar la precisión del reconocimiento.

11.6 USO DE ALTERNATIVAS VISUALES Y DE TEXTO PARA PERSONAS CON DIFICULTADES AUDITIVAS

Las alternativas visuales y textuales constituyen un conjunto de herramientas diseñadas para garantizar que la información sonora pueda percibirse mediante otros canales sensoriales. Estas soluciones son esenciales para personas con dificultades auditivas, pero también resultan útiles en entornos ruidosos o situaciones donde no es posible activar el sonido.

Los sistemas operativos modernos incorporan múltiples recursos que permiten sustituir o complementar las señales acústicas, favoreciendo así una comunicación más inclusiva.

Principales alternativas disponibles

Subtítulos automáticos

Muestran en pantalla el contenido hablado de vídeos o reuniones virtuales, facilitando la comprensión.

Transcripción en tiempo real

Convierte el audio en texto mientras se produce la conversación, una función cada vez más utilizada en plataformas de comunicación.

Notificaciones visuales

Sustituyen alertas sonoras por avisos gráficos, como ventanas emergentes o parpadeos de la pantalla.

Indicadores luminosos

Algunos sistemas permiten que determinados eventos —por ejemplo, una llamada— se acompañen de señales visuales.

Mensajería instantánea y chat

Ofrecen una vía de comunicación alternativa al audio en reuniones o entornos colaborativos.

Beneficios de estas herramientas

- Garantizan el acceso a la información.
- Favorecen la participación en entornos educativos y laborales.
- Reducen barreras comunicativas.
- Mejoran la autonomía digital.

En organizaciones comprometidas con la accesibilidad, estas funcionalidades forman parte de las políticas de inclusión tecnológica.

Recomendaciones para una configuración eficaz

▶ Activar subtítulos cuando se utilicen contenidos audiovisuales.

▶ Configurar notificaciones visuales para alertas importantes.

▶ Utilizar plataformas que incorporen transcripción automática.

▶ Verificar la legibilidad del texto mostrado en pantalla.

Además, combinar varias herramientas suele ofrecer mejores resultados que depender de una única solución.

11.7 IMPACTO EN EL ENTORNO PROFESIONAL

La accesibilidad auditiva no solo beneficia a quienes presentan dificultades permanentes, sino también a trabajadores que participan en reuniones en espacios compartidos, utilizan el equipo sin sonido o necesitan revisar información sin reproducir audio.

Un sistema que ofrece alternativas visuales contribuye a crear entornos laborales más equitativos y eficientes.

ACTIVIDADES

Actividad 1. Configuración de opciones para mejorar la visualización

Objetivo: adaptar la pantalla para reducir la fatiga visual y mejorar la legibilidad.

Desarrollo: accede al menú de accesibilidad de tu sistema operativo y revisa las opciones relacionadas con la visualización. Realiza los siguientes ajustes y observa los cambios:

▶ Aumenta el tamaño del texto.

▶ Activa el modo de alto contraste.

▶ Modifica el brillo o activa la luz nocturna.

▶ Prueba la herramienta de lupa.

Anota qué configuración te resulta más cómoda y explica por qué.

Resultado esperado: comprender la importancia de personalizar la visualización para mejorar el bienestar y la eficiencia.

Actividad 2. Uso práctico del narrador

Objetivo: conocer el funcionamiento de las herramientas de lectura automática.

Desarrollo: activa el narrador del sistema operativo y realiza las siguientes acciones:

- Abre un documento de texto.
- Navega por una página web.
- Accede al menú de configuración.

Observa cómo el sistema describe los elementos en pantalla y ajusta la velocidad o el volumen de la voz si es posible.

Resultado esperado: identificar el valor del narrador como recurso de accesibilidad y autonomía digital.

Actividad 3. Personalización del teclado y del ratón

Objetivo: mejorar la interacción con los dispositivos de entrada.

Desarrollo: accede a las opciones de accesibilidad y modifica algunos parámetros relacionados con el teclado y el ratón:

- Activa las teclas especiales.
- Ajusta la velocidad del puntero.
- Cambia el tamaño o el color del cursor.
- Prueba el teclado en pantalla.

Describe qué cambios has percibido en la comodidad de uso.

Resultado esperado: reconocer la importancia de adaptar los dispositivos para mejorar la ergonomía.

Actividad 4. Dictado mediante reconocimiento de voz

Objetivo: experimentar con el uso de la voz como método de interacción.

Desarrollo: activa la herramienta de reconocimiento de voz y dicta un breve texto de al menos cinco líneas. Posteriormente:

▶ Revisa los errores de transcripción.

▶ Corrige el texto.

▶ Evalúa la precisión del sistema.

Resultado esperado: valorar el reconocimiento de voz como alternativa al teclado y como herramienta de productividad.

Actividad 5. Configuración de alternativas visuales para la audición

Objetivo: garantizar el acceso a la información sin depender del sonido.

Desarrollo: configura al menos dos de las siguientes opciones en tu equipo o investiga cómo hacerlo:

▶ Activación de subtítulos en un vídeo.

▶ Uso de transcripción automática.

▶ Notificaciones visuales en lugar de alertas sonoras.

▶ Mensajería escrita en una reunión virtual.

Explica en qué contextos estas herramientas pueden mejorar la comunicación.

Resultado esperado: comprender la accesibilidad como un elemento clave para la inclusión tecnológica.

PREGUNTAS TIPO TEST

1. ¿Cuál es el objetivo principal de las opciones de accesibilidad?
   a) Aumentar la velocidad del procesador.
   b) Facilitar el uso del sistema a todas las personas.
   c) Reducir la capacidad de almacenamiento.
   d) Limitar la personalización del equipo.

2. ¿Qué herramienta permite ampliar temporalmente una zona de la pantalla para verla con mayor detalle?

a) Firewall.

b) Lupa.

c) Administrador de tareas.

d) Compresor de archivos.

3. ¿Para qué sirve el narrador del sistema?

a) Para mejorar la conexión a Internet.

b) Para convertir el texto en voz y guiar al usuario.

c) Para eliminar archivos temporales.

d) Para aumentar la memoria RAM.

4. ¿Qué opción permite ejecutar combinaciones de teclas sin pulsarlas simultáneamente?

a) Teclas especiales.

b) Filtros de color.

c) Modo avión.

d) Desfragmentación del disco.

5. ¿Cuál es una ventaja del reconocimiento de voz?

a) Reduce el tamaño del disco duro.

b) Permite interactuar con el sistema mediante comandos hablados.

c) Sustituye el sistema operativo.

d) Evita la instalación de aplicaciones.

RESPUESTAS

1. B.

2. B

3. B

4. A

5. B

12

CONFIGURACIÓN DEL SISTEMA INFORMÁTICO

La configuración del sistema informático comprende el conjunto de ajustes que permiten adaptar el funcionamiento del equipo a las necesidades del usuario y del entorno de trabajo. Un sistema correctamente configurado no solo mejora la experiencia de uso, sino que también incrementa la productividad, reduce errores y favorece un rendimiento más eficiente.

Los sistemas operativos modernos ofrecen múltiples opciones de configuración que abarcan desde aspectos visuales hasta parámetros técnicos relacionados con idioma, formato de datos o comportamiento del escritorio. Dominar estas configuraciones constituye una competencia esencial para cualquier persona que utilice herramientas informáticas en contextos personales, educativos o profesionales.

Además, una configuración adecuada contribuye a crear entornos de trabajo más ergonómicos, seguros y organizados, facilitando la interacción con el sistema y permitiendo que el usuario se concentre en sus tareas sin distracciones innecesarias.

12.1 CONFIGURACIÓN DEL ENTORNO DE TRABAJO

El entorno de trabajo es el espacio digital en el que el usuario desarrolla sus actividades cotidianas. Incluye elementos como el escritorio, las aplicaciones abiertas, la organización de ventanas y los accesos directos a herramientas frecuentes.

Configurar correctamente este entorno permite optimizar el tiempo, mejorar la organización y reducir la carga cognitiva asociada a la búsqueda constante de archivos o programas.

Elementos principales del entorno de trabajo

El escritorio

Es la pantalla principal del sistema operativo y actúa como punto de acceso a aplicaciones, documentos y configuraciones. Mantenerlo ordenado facilita la concentración y evita la sensación de desorganización.

La barra de tareas

Permite acceder rápidamente a programas en ejecución o anclados. Personalizarla ayuda a reducir el número de pasos necesarios para iniciar aplicaciones.

El menú de inicio

Centraliza el acceso al software instalado. Organizar sus elementos mediante carpetas o grupos mejora la navegación.

Los accesos directos

Funcionan como enlaces a programas o archivos. Su uso evita recorrer múltiples carpetas para abrir recursos habituales.

Recomendaciones para configurar el entorno

▼ Mantener solo los accesos imprescindibles en el escritorio.

▼ Agrupar aplicaciones por categorías.

▼ Anclar los programas más utilizados en la barra de tareas.

▼ Evitar la acumulación de archivos temporales.

▼ Revisar periódicamente la organización.

Ventajas de un entorno bien configurado

▼ Reduce el tiempo de búsqueda.

▼ Mejora la eficiencia operativa.

▼ Disminuye distracciones.

▼ Facilita la multitarea.

▼ Favorece una experiencia de uso más fluida.

En entornos profesionales, una configuración homogénea entre distintos equipos también facilita el trabajo colaborativo y simplifica la asistencia técnica.

12.2 PERSONALIZACIÓN DEL ENTORNO VISUAL

La personalización visual consiste en adaptar la apariencia del sistema operativo para mejorar la comodidad y adecuarla a las preferencias del usuario. Aunque pueda parecer un aspecto meramente estético, influye directamente en la ergonomía y en la experiencia de interacción con el equipo.

Una interfaz clara y agradable reduce la fatiga visual y favorece la permanencia prolongada frente a la pantalla.

Opciones habituales de personalización

Fondos de pantalla

Permiten modificar la imagen del escritorio. Se recomienda elegir fondos poco recargados para no dificultar la lectura de los iconos.

Temas del sistema

Combinan colores, sonidos e imágenes para crear una apariencia uniforme.

Modo claro y modo oscuro

El modo oscuro reduce la emisión de luz, lo que puede resultar más cómodo en entornos con poca iluminación.

Colores de acento

Ayudan a resaltar elementos interactivos como botones o menús.

Tamaño de iconos y escala

Modificar estos parámetros facilita la visualización y mejora la accesibilidad.

Tipografía del sistema

Aunque suele estar predeterminada, algunos sistemas permiten ajustar el tamaño del texto para mejorar la legibilidad.

Impacto de la personalización en la productividad

Una interfaz adaptada puede:

- Reducir el esfuerzo visual.
- Mejorar la identificación de elementos.
- Incrementar la rapidez de navegación.
- Disminuir errores derivados de una mala visualización.

No obstante, es recomendable evitar configuraciones excesivamente llamativas que puedan generar distracción.

Ergonomía visual

La ergonomía digital busca proteger la salud del usuario durante el uso prolongado del ordenador. Para ello se aconseja:

- Ajustar el brillo al nivel de luz ambiental.
- Utilizar combinaciones de colores que favorezcan el contraste.
- Evitar fondos demasiado luminosos.
- Activar filtros de luz azul si se trabaja durante muchas horas.

En el ámbito laboral, cuidar estos aspectos contribuye al bienestar y puede prevenir molestias asociadas al uso intensivo de pantallas.

12.3 CONFIGURACIÓN REGIONAL DEL EQUIPO

La configuración regional permite adaptar el sistema operativo a las características lingüísticas y culturales del usuario. Este ajuste influye en aspectos tan relevantes como el idioma de la interfaz, el formato de fechas, la moneda o la distribución del teclado.

Una configuración incorrecta puede provocar errores en documentos, cálculos o registros administrativos, por lo que resulta especialmente importante en entornos profesionales.

Parámetros principales de la configuración regional

Idioma del sistema

Determina el lenguaje en el que se muestran menús, mensajes y opciones de configuración.

Formato de fecha y hora

Puede variar según el país. Por ejemplo, algunos utilizan el formato día/mes/año, mientras que otros emplean mes/día/año.

Zona horaria

Permite sincronizar el reloj del sistema con la ubicación geográfica, algo esencial para programaciones automáticas o reuniones virtuales.

Formato numérico

Define el uso de comas o puntos en cifras decimales, aspecto crítico en hojas de cálculo y aplicaciones financieras.

Moneda

Se emplea en programas de contabilidad o comercio electrónico.

Distribución del teclado

Determina la posición de caracteres especiales. Una mala configuración puede dificultar la escritura.

Importancia en entornos profesionales

Una correcta configuración regional ayuda a:

▸ Evitar errores en documentos oficiales.

▸ Garantizar la coherencia en registros administrativos.

▸ Facilitar la comunicación internacional.

▸ Asegurar la compatibilidad con aplicaciones.

▸ Mejorar la precisión en cálculos.

Por ejemplo, interpretar incorrectamente el separador decimal puede alterar resultados financieros.

Adaptación a entornos globalizados

En organizaciones con presencia internacional es habitual trabajar con varios idiomas o formatos. Por ello, muchos sistemas permiten instalar paquetes lingüísticos adicionales y alternar entre configuraciones.

Esta flexibilidad favorece la colaboración entre equipos ubicados en diferentes regiones.

Recomendaciones de configuración

▸ Verificar la región durante la instalación del sistema.

▸ Revisar el formato numérico antes de trabajar con datos sensibles.

▸ Ajustar correctamente la zona horaria en equipos portátiles.

▸ Configurar el idioma preferido para evitar confusiones.

▸ Comprobar la distribución del teclado tras cambios de idioma.

12.4 IMPORTANCIA ESTRATÉGICA DE LA CONFIGURACIÓN DEL SISTEMA

Configurar el sistema informático no debe entenderse como una tarea puntual, sino como un proceso continuo orientado a optimizar el entorno tecnológico.

Un equipo bien configurado:

- Mejora el rendimiento general.
- Facilita el uso diario.
- Reduce incidencias técnicas.
- Incrementa la seguridad.
- Favorece la productividad.

Además, permite que el sistema se adapte al usuario y no al contrario, transformando la tecnología en una herramienta flexible y eficiente.

En definitiva, dominar la configuración del sistema informático es una habilidad clave dentro de la competencia digital, ya que posibilita crear entornos de trabajo más organizados, cómodos y alineados con las necesidades reales de cada contexto profesional.

12.5 PERSONALIZACIÓN DE LOS PERIFÉRICOS BÁSICOS

La personalización de los periféricos básicos constituye una tarea esencial dentro de la configuración del sistema informático, ya que estos dispositivos actúan como el principal canal de comunicación entre la persona usuaria y el equipo. Ajustar correctamente sus parámetros no solo mejora la comodidad durante el uso, sino que también incrementa la eficiencia operativa, reduce errores y contribuye a la prevención de problemas ergonómicos derivados de un uso prolongado.

En entornos profesionales, donde el ordenador se utiliza durante largas jornadas, una configuración adecuada puede marcar la diferencia entre un entorno de trabajo productivo y uno que genere fatiga o dificultades técnicas. Por ello, esta tarea debe considerarse parte del mantenimiento inicial del equipo.

Los periféricos básicos más habituales son el teclado, el ratón o dispositivo apuntador, el monitor, los sistemas de audio y, en muchos casos, la cámara web. Cada uno de ellos incorpora opciones de configuración que permiten adaptar su funcionamiento a las necesidades específicas de cada usuario.

Configuración del teclado

El teclado es uno de los dispositivos de entrada más utilizados, especialmente en tareas administrativas, educativas o de gestión documental. Una configuración incorrecta puede provocar errores constantes al escribir, disminuyendo la productividad.

Entre los aspectos más relevantes que pueden ajustarse destacan:

Distribución e idioma del teclado

Seleccionar el idioma correcto garantiza que cada tecla corresponda al carácter esperado. Un desajuste en esta configuración puede generar confusión, especialmente al utilizar símbolos o acentos.

Velocidad de repetición

Permite determinar cuánto tiempo debe mantenerse una tecla presionada para que el carácter se repita. Ajustarla correctamente evita la aparición de letras duplicadas.

Retardo de repetición

Define el intervalo antes de que comience la repetición automática, mejorando el control durante la escritura.

Atajos de teclado

El uso de combinaciones como Ctrl + C o Ctrl + V agiliza el trabajo y reduce la dependencia del ratón.

Teclado en pantalla

Resulta especialmente útil en dispositivos táctiles o como alternativa ante fallos del teclado físico.

Opciones de accesibilidad

Funciones como las teclas adhesivas permiten ejecutar combinaciones sin necesidad de pulsarlas simultáneamente, facilitando el uso a personas con menor destreza motora.

Una correcta configuración del teclado favorece la precisión, reduce la fatiga en manos y muñecas y mejora la experiencia general de uso.

Configuración del ratón o dispositivo apuntador

El ratón permite interactuar de forma directa con la interfaz gráfica del sistema. Ajustar su comportamiento contribuye a mejorar la rapidez de navegación y la exactitud en la selección de elementos.

Parámetros principales:

Velocidad del puntero

Un cursor demasiado rápido dificulta la precisión, mientras que uno demasiado lento reduce la agilidad. Encontrar el equilibrio adecuado es fundamental.

Sensibilidad y aceleración

Permiten adaptar la respuesta del movimiento a las preferencias del usuario.

Configuración de botones

Puede invertirse la función principal para usuarios zurdos.

Velocidad de doble clic

Ajustarla evita aperturas accidentales o la necesidad de repetir la acción.

Tamaño y color del cursor

Mejoran su visibilidad, especialmente en pantallas grandes o para personas con dificultades visuales.

Gestos táctiles

En dispositivos como touchpads, es posible configurar desplazamientos con dos dedos, ampliación mediante pellizco o cambios de escritorio.

Una configuración adecuada reduce el esfuerzo físico y favorece una interacción más natural con el sistema.

Configuración del monitor

El monitor es el principal medio de salida de información, por lo que su ajuste tiene un impacto directo en la salud visual y en la calidad del trabajo.

Aspectos clave:

Resolución de pantalla

Determina el nivel de detalle de la imagen. Utilizar la resolución nativa del monitor garantiza la máxima nitidez.

Escalado

Permite ampliar textos e iconos sin perder calidad, facilitando la lectura.

Brillo y contraste

Deben ajustarse para evitar la fatiga ocular, especialmente en espacios con iluminación intensa o muy reducida.

Frecuencia de actualización

Una tasa elevada proporciona mayor fluidez, reduciendo la sensación de parpadeo.

Sistema › Pantalla

Seleccione una pantalla para cambiar la configuración. Arrastre las pantallas para reorganizarlas.

1|2

Identificar   Duplicar estas pantallas ⌄

Varias pantallas
Elegir el modo de presentación para las pantallas   ⌄

Brillantez y color

Brillo
Cambiar el brillo de la pantalla integrada   ⌄

Luz nocturna
Usar colores más cálidos para ayudar a bloquear la luz azul   Desactivado ◯ ›

HDR
Más información sobre HDR   ›

Modo nocturno o filtro de luz azul

Disminuye el impacto visual durante el uso prolongado.

Configuración multimonitor

En muchos entornos profesionales se emplean varias pantallas para mejorar la productividad. El sistema permite definir su disposición y función.

Un monitor bien configurado contribuye a prevenir molestias visuales y favorece la concentración.

Configuración de dispositivos de audio y vídeo

Los periféricos de audio y vídeo han adquirido gran relevancia con el auge del trabajo remoto y las videoconferencias.

Opciones habituales:

Selección del dispositivo de entrada y salida

Permite elegir entre altavoces, auriculares o micrófonos.

Nivel de volumen

Debe ajustarse para garantizar una escucha clara sin distorsiones.

Reducción de ruido

Algunos sistemas incorporan filtros que mejoran la calidad del sonido.

Configuración de la cámara web

Incluye ajustes de brillo, encuadre o resolución.

Una correcta configuración mejora la comunicación y proyecta una imagen profesional en reuniones virtuales.

Importancia ergonómica de la personalización

Más allá de la funcionalidad, la configuración de periféricos está estrechamente vinculada a la ergonomía informática. Adaptar los dispositivos al usuario ayuda a prevenir molestias musculares, fatiga visual y lesiones derivadas de posturas inadecuadas.

Entre los beneficios más destacados se encuentran:

- Mayor comodidad durante jornadas prolongadas.
- Reducción del riesgo de lesiones repetitivas.
- Incremento de la productividad.
- Mejora de la accesibilidad.
- Adaptación del sistema a diferentes perfiles de usuario.

En organizaciones modernas, estos ajustes forman parte de las políticas de bienestar digital.

12.6 OTROS ELEMENTOS DE CONFIGURACIÓN DEL SISTEMA

Además de los periféricos básicos, el sistema operativo incorpora numerosos parámetros que influyen en el funcionamiento general del equipo. Estos ajustes complementarios permiten optimizar el rendimiento, mejorar la seguridad y adaptar el entorno a distintos contextos de uso.

Aunque a menudo pasan desapercibidos, su correcta configuración es fundamental para garantizar la estabilidad del sistema.

Opciones de energía

La gestión energética resulta especialmente relevante en equipos portátiles, pero también contribuye a la eficiencia en ordenadores de sobremesa.

Permite:

- Definir cuándo se apaga la pantalla.
- Establecer el tiempo de inactividad antes de la suspensión.
- Optimizar el consumo de batería.
- Reducir el impacto ambiental.

Una configuración equilibrada combina ahorro energético y disponibilidad inmediata del equipo.

Configuración de fecha y hora

Mantener estos valores actualizados es esencial para el correcto funcionamiento de múltiples servicios.

Influye en:

- Registros de eventos del sistema.
- Programación de tareas.
- Actualizaciones automáticas.
- Certificados de seguridad.

La sincronización automática con servidores horarios evita errores y garantiza la coherencia temporal.

Administración de cuentas de usuario

El control de acceso es un pilar básico de la seguridad informática. Configurar adecuadamente las cuentas permite definir qué acciones puede realizar cada persona.

Tipos más habituales:

- **Administrador:** posee control total sobre el sistema.
- **Usuario estándar:** tiene permisos limitados que reducen el riesgo de cambios accidentales.

Esta diferenciación protege la integridad del equipo.

Opciones básicas de seguridad

El sistema operativo integra herramientas destinadas a prevenir amenazas y proteger la información.

Entre ellas:

- Firewall.
- Antivirus.
- Control de actualizaciones.
- Protección mediante contraseña.
- Cifrado de datos.

Configurar estas funciones desde el inicio refuerza la seguridad global.

Configuración de almacenamiento

Gestionar correctamente el espacio disponible evita problemas de rendimiento.

Es recomendable:

- Supervisar la capacidad del disco.
- Eliminar archivos temporales.
- Utilizar herramientas de limpieza.
- Planificar copias de seguridad.

Una buena administración prolonga la vida útil del equipo.

Conectividad y red

El acceso a redes es imprescindible en la mayoría de entornos laborales.

El sistema permite:

- Configurar redes Wi-Fi o cableadas.
- Gestionar conexiones VPN.
- Establecer prioridades de red.
- Controlar el uso de datos.

Una configuración adecuada mejora la estabilidad de la conexión.

Importancia estratégica de estos ajustes

Los elementos complementarios de configuración no solo optimizan el funcionamiento técnico, sino que también favorecen una administración más eficiente del sistema.

Sus principales beneficios son:

- Mayor estabilidad operativa.
- Reducción de incidencias.
- Incremento de la seguridad.
- Mejor aprovechamiento de los recursos.
- Adaptación del equipo a distintos escenarios profesionales.

En conjunto, estos ajustes transforman el sistema informático en un entorno más fiable, preparado para responder a las exigencias tecnológicas actuales.

12.7 ADMINISTRADOR DE IMPRESIÓN

El administrador de impresión es una herramienta integrada en el sistema operativo que permite controlar, supervisar y gestionar todos los procesos relacionados con la impresión de documentos. Su función principal consiste en actuar como intermediario entre las aplicaciones que envían trabajos de impresión y las impresoras disponibles, organizando las tareas para que se ejecuten de forma ordenada y eficiente.

En entornos domésticos puede parecer una utilidad secundaria, pero en organizaciones donde varias personas comparten dispositivos de impresión, su papel resulta fundamental para garantizar la continuidad del trabajo y evitar interrupciones.

El sistema operativo utiliza un servicio conocido como **cola de impresión**, encargado de almacenar temporalmente los documentos enviados a imprimir hasta que la impresora puede procesarlos. Este mecanismo permite que varios usuarios envíen trabajos sin necesidad de esperar a que finalice el anterior.

Funciones principales del administrador de impresión

Entre las funciones más relevantes se encuentran:

Gestión de la cola de impresión

Permite visualizar los documentos pendientes, conocer su estado y modificar el orden de impresión si es necesario.

Pausa y reanudación de trabajos

Resulta útil cuando se detecta un error o se necesita priorizar un documento urgente.

Cancelación de documentos

Evita el desperdicio de papel y tinta cuando un archivo se ha enviado por equivocación.

Instalación y eliminación de impresoras

El sistema facilita la incorporación de nuevos dispositivos, tanto locales como de red.

Configuración de preferencias de impresión

Incluye ajustes como calidad, orientación, tamaño del papel o impresión a doble cara.

Supervisión del estado del dispositivo

Permite detectar incidencias como falta de papel, atascos o niveles bajos de tinta.

Estas funciones contribuyen a mantener un flujo de trabajo organizado y reducen los tiempos de espera.

Impresoras locales y de red

El administrador de impresión permite trabajar con distintos tipos de dispositivos:

Impresoras locales

Se conectan directamente al equipo mediante cable USB u otros puertos físicos.

Impresoras de red

Están disponibles para varios usuarios y se gestionan desde un servidor o router.

En entornos profesionales, las impresoras de red favorecen el uso compartido de recursos y reducen costes operativos.

Controladores de impresión

Para que el sistema operativo pueda comunicarse correctamente con la impresora, es imprescindible disponer del controlador adecuado. Este software traduce la información enviada por el sistema a un lenguaje comprensible para el dispositivo.

Mantener los controladores actualizados permite:

- Mejorar la compatibilidad.
- Incrementar la velocidad de impresión.

- ▶ Reducir errores.

- ▶ Incorporar nuevas funcionalidades.

Un controlador incorrecto puede provocar impresiones defectuosas o impedir el funcionamiento del dispositivo.

Gestión eficiente en entornos profesionales

Una administración adecuada de la impresión aporta beneficios importantes:

- ▶ Optimiza el uso de consumibles.

- ▶ Reduce interrupciones del trabajo.

- ▶ Facilita la priorización de documentos.

- ▶ Mejora la productividad.

- ▶ Permite controlar los recursos compartidos.

En organizaciones de mayor tamaño es habitual establecer políticas de impresión para limitar el uso innecesario y fomentar prácticas sostenibles.

Problemas habituales y soluciones

Algunas incidencias frecuentes incluyen:

Documentos bloqueados en la cola

Suelen resolverse cancelando el trabajo o reiniciando el servicio de impresión.

Impresora no detectada

Puede deberse a fallos de conexión o a controladores desactualizados.

Impresiones incompletas

A menudo relacionadas con falta de memoria en el dispositivo o archivos corruptos.

Conocer el administrador de impresión permite actuar con rapidez ante estas situaciones.

Para configurar las funciones principales del administrador de impresión en Windows 11, acceda a **Configuración > Bluetooth y dispositivos > Impresoras y escáneres**. Desde aquí puede establecer la impresora predeterminada, gestionar la cola de impresión, cambiar preferencias (color, doble cara) y propiedades del controlador, o desactivar la gestión automática de Windows.

Funciones clave y cómo configurarlas

▼ **Configurar impresora predeterminada:**

1. Vaya a Configuración > Bluetooth y dispositivos > Impresoras y escáneres.

2. Desactive la opción "Permitir que Windows administre mi impresora predeterminada".

3. Seleccione su impresora de la lista y haga clic en "Establecer como predeterminado".

▼ **Gestionar la cola de impresión:**

1. Haga clic en la impresora en Impresoras y escáneres y seleccione "Abrir cola de impresión" para pausar, cancelar o reanudar documentos.

▼ **Ajustar preferencias de impresión (color, papel, calidad):**

1. En la página de la impresora, haga clic en "Preferencias de impresión". Aquí puede configurar el tamaño de papel, la orientación, la impresión a doble cara y la escala de grises.

▼ **Propiedades de la impresora (controladores y puertos):**

1. Haga clic en la impresora, seleccione "Propiedades de la impresora" para acceder a la pestaña "General" (para cambiar el nombre o probar), "Puertos" (para cambiar el puerto de conexión) o "Configuración de dispositivo".

▼ **Uso del panel de control clásico (avanzado):**

1. Busque "control" en el menú inicio para abrir el Panel de Control, seleccione "Dispositivos e impresoras" para una vista clásica.

▼ **Abrir administración de impresión (herramienta avanzada):**

1. Presione Win + R, escriba printmanagement.msc y pulse Aceptar para gestionar servidores de impresión, controladores y puertos detalladamente.

12.8 PROTECCIÓN DEL SISTEMA

La protección del sistema constituye uno de los pilares fundamentales en la administración de cualquier entorno informático. Su objetivo principal es preservar la integridad del equipo, garantizar la confidencialidad de la información y asegurar la disponibilidad de los recursos frente a posibles amenazas, errores humanos o fallos técnicos.

En un contexto tecnológico cada vez más interconectado, los sistemas informáticos se encuentran expuestos a múltiples riesgos: malware, accesos no autorizados, pérdida de datos, ataques de red o configuraciones incorrectas. Por este motivo, la protección del sistema no debe entenderse como una acción puntual, sino como un proceso continuo que combina herramientas tecnológicas, buenas prácticas y políticas de seguridad.

Los sistemas operativos modernos incorporan numerosas funciones destinadas a proteger tanto el software como el hardware. Sin embargo, su eficacia depende en gran medida de una correcta configuración y de una actitud preventiva por parte de la persona usuaria o del personal técnico responsable.

Importancia de la protección del sistema

Un sistema desprotegido puede convertirse en un punto vulnerable capaz de comprometer no solo un equipo aislado, sino también toda una red corporativa. La información es uno de los activos más valiosos de cualquier organización, por lo que su protección debe ser prioritaria.

Implementar medidas de seguridad adecuadas permite:

- Evitar accesos no autorizados.
- Proteger datos sensibles.
- Reducir el riesgo de infecciones por malware.
- Garantizar la continuidad operativa.
- Prevenir pérdidas económicas.
- Cumplir normativas de protección de datos.

En entornos profesionales, la protección del sistema forma parte de las políticas de seguridad informática y se integra dentro de los planes de continuidad del negocio.

Principios básicos de la seguridad informática

La protección del sistema se fundamenta en tres principios esenciales conocidos como la **triada CIA** (Confidencialidad, Integridad y Disponibilidad).

Confidencialidad

Garantiza que solo las personas autorizadas puedan acceder a la información.

Integridad

Asegura que los datos no sean modificados de forma indebida.

Disponibilidad

Permite que la información y los sistemas estén accesibles cuando se necesiten.

Un sistema verdaderamente seguro debe equilibrar estos tres elementos.

Amenazas más comunes para un sistema informático

Comprender los riesgos es el primer paso para poder prevenirlos.

Malware

Incluye virus, gusanos, troyanos, ransomware y spyware diseñados para dañar el sistema o robar información.

Phishing

Técnica de ingeniería social que busca engañar al usuario para obtener credenciales o datos confidenciales.

Accesos no autorizados

Pueden producirse por contraseñas débiles o configuraciones incorrectas.

Errores humanos

La eliminación accidental de archivos o la instalación de software inseguro son causas frecuentes de incidentes.

Fallas de hardware

Un disco dañado puede provocar pérdidas irreversibles de información.

Ataques de red

Intentos de intrusión que buscan explotar vulnerabilidades del sistema.

La protección eficaz requiere anticiparse a estas amenazas.

Control de acceso y autenticación

Una de las primeras barreras de seguridad consiste en limitar quién puede utilizar el sistema.

Contraseñas seguras

Deben ser complejas, combinar distintos caracteres y actualizarse periódicamente.

Autenticación multifactor (MFA)

Añade una capa adicional de seguridad al requerir más de una forma de verificación.

Cuentas de usuario diferenciadas

Es recomendable utilizar cuentas estándar para tareas cotidianas y reservar la cuenta de administrador para configuraciones críticas.

Bloqueo automático de sesión

Evita accesos cuando el equipo queda desatendido.

Aplicar estas medidas reduce significativamente el riesgo de intrusión.

Actualizaciones del sistema como medida de protección

Mantener el sistema operativo actualizado es una de las prácticas más eficaces para reforzar la seguridad.

Las actualizaciones corrigen vulnerabilidades que podrían ser explotadas por atacantes y mejoran la estabilidad del sistema.

Se recomienda:

- Activar las actualizaciones automáticas.
- Instalar parches de seguridad con prioridad.
- Mantener actualizado el software complementario.
- Revisar periódicamente el estado del sistema.

Un sistema desactualizado se vuelve progresivamente vulnerable.

Antivirus y protección contra malware

Los sistemas operativos actuales suelen integrar herramientas de seguridad capaces de detectar amenazas en tiempo real.

Funciones principales de un antivirus:

- Analizar archivos y aplicaciones.
- Detectar comportamientos sospechosos.
- Bloquear software malicioso.
- Aislar archivos infectados.

▶ Proteger la navegación web.

No obstante, ningún antivirus es completamente eficaz sin una conducta responsable por parte del usuario.

Firewall: defensa frente a amenazas externas

El firewall actúa como un filtro que controla el tráfico de red entrante y saliente.

Su función es impedir conexiones no autorizadas y bloquear intentos de intrusión.

Entre sus beneficios destacan:

▶ Protección frente a ataques remotos.
▶ Control de aplicaciones que acceden a Internet.
▶ Supervisión del flujo de datos.

En entornos empresariales suelen emplearse firewalls avanzados capaces de aplicar políticas de seguridad más estrictas.

Copias de seguridad: garantía de recuperación

La protección del sistema no solo implica prevenir ataques, sino también asegurar la posibilidad de recuperar la información.

Una copia de seguridad permite restaurar datos tras:

▶ Fallos del sistema.
▶ Infecciones de ransomware.
▶ Errores humanos.
▶ Daños físicos en el hardware.

Regla recomendada: estrategia 3-2-1

▶ Mantener tres copias de los datos.
▶ Utilizar dos soportes diferentes.
▶ Guardar una copia en una ubicación externa o en la nube.

Además, es fundamental comprobar periódicamente que las copias pueden restaurarse correctamente.

Protección mediante cifrado

El cifrado transforma la información en un formato ilegible para quienes no poseen la clave adecuada.

Esta medida resulta especialmente importante en equipos portátiles o dispositivos susceptibles de pérdida o robo.

Ventajas del cifrado

▶ Protege datos sensibles.

▶ Evita accesos no autorizados.

▶ Refuerza la confidencialidad.

Muchas organizaciones lo consideran un requisito obligatorio.

Protección del sistema frente a errores del usuario

No todos los riesgos provienen de amenazas externas. Los errores humanos siguen siendo una de las causas más frecuentes de incidentes.

Para reducirlos, los sistemas operativos incorporan mecanismos como:

Control de cuentas de usuario (UAC)

Solicita confirmación antes de realizar cambios críticos.

Permisos de archivos

Limitan quién puede modificar o eliminar información.

Puntos de restauración

Permiten regresar a un estado anterior si se produce un fallo.

Estos recursos ayudan a mantener la estabilidad del sistema.

Protección física del equipo

Aunque la seguridad suele asociarse al software, la protección física también es esencial.

Se recomienda:

- Ubicar los equipos en lugares seguros.
- Evitar accesos no autorizados.
- Utilizar sistemas de alimentación ininterrumpida (SAI).
- Proteger los dispositivos frente a sobrecalentamientos.

Un incidente físico puede tener consecuencias tan graves como un ataque informático.

Navegación segura

Gran parte de las amenazas actuales se originan en Internet.

Para minimizar riesgos:

- Utilizar navegadores actualizados.
- Verificar que los sitios empleen conexiones seguras (HTTPS).
- Evitar redes Wi-Fi públicas sin protección.
- No proporcionar datos personales en páginas sospechosas.

La concienciación del usuario es una herramienta de seguridad fundamental.

Protección en entornos profesionales

Las organizaciones suelen adoptar estrategias más complejas que incluyen:

- Políticas de contraseñas.
- Segmentación de redes.
- Monitorización de accesos.
- Auditorías de seguridad.
- Formación del personal.

El objetivo es crear un ecosistema tecnológico resiliente capaz de resistir incidentes sin comprometer la actividad.

Seguridad como proceso continuo

La protección del sistema no es un estado permanente, sino un proceso dinámico que debe adaptarse a la evolución de las amenazas.

Una estrategia eficaz combina:

▸ Tecnología adecuada.

▸ Procedimientos claros.

▸ Actualización constante.

▸ Formación de los usuarios.

Adoptar una actitud preventiva permite anticiparse a los riesgos en lugar de reaccionar cuando el daño ya se ha producido.

Recomendaciones generales para proteger el sistema

▸ Mantener el sistema y las aplicaciones actualizados.

▸ Utilizar contraseñas robustas.

▸ Realizar copias de seguridad periódicas.

▸ Instalar software únicamente desde fuentes fiables.

▸ Configurar herramientas de seguridad.

▸ Revisar regularmente el estado del equipo.

La suma de pequeñas acciones preventivas genera un entorno significativamente más seguro.

Importancia estratégica de la protección del sistema

En la actualidad, la seguridad informática se ha convertido en un factor crítico para la productividad y la confianza digital. Un sistema protegido no solo evita incidentes, sino que también mejora el rendimiento, favorece la continuidad del trabajo y refuerza la credibilidad de la organización.

Dominar los principios de protección del sistema permite a los profesionales actuar con responsabilidad, anticiparse a los riesgos y garantizar que la tecnología continúe siendo una herramienta al servicio de las personas y no una fuente de vulnerabilidad.

12.9 CONFIGURACIÓN DE LA PROTECCIÓN DEL SISTEMA OPERATIVO WINDOWS 11

Configurar correctamente la protección del sistema en Windows 11 es una tarea esencial para garantizar la seguridad de la información, prevenir accesos no autorizados y mantener la estabilidad del equipo. El sistema operativo incorpora múltiples herramientas de seguridad que, bien configuradas, proporcionan una defensa sólida frente a amenazas internas y externas.

A continuación, se detalla un procedimiento estructurado que puede aplicarse tanto en entornos domésticos como profesionales.

1. Activar Windows Update

Mantener el sistema actualizado es la primera barrera de protección.

Procedimiento:

1. Haz clic en **Inicio**.
2. Accede a **Configuración**.
3. Selecciona **Windows Update**.
4. Pulsa **Buscar actualizaciones**.
5. Instala todas las actualizaciones disponibles.

ⓘ **Recomendación**

Activa las actualizaciones automáticas para evitar vulnerabilidades.

2. Comprobar la seguridad desde "Seguridad de Windows"

Windows 11 centraliza sus herramientas de protección en un único panel.

Procedimiento:

1. Abre **Configuración**.
2. Accede a **Privacidad y seguridad**.
3. Selecciona **Seguridad de Windows**.
4. Haz clic en **Abrir Seguridad de Windows**.

Desde este panel podrás verificar el estado general del sistema.

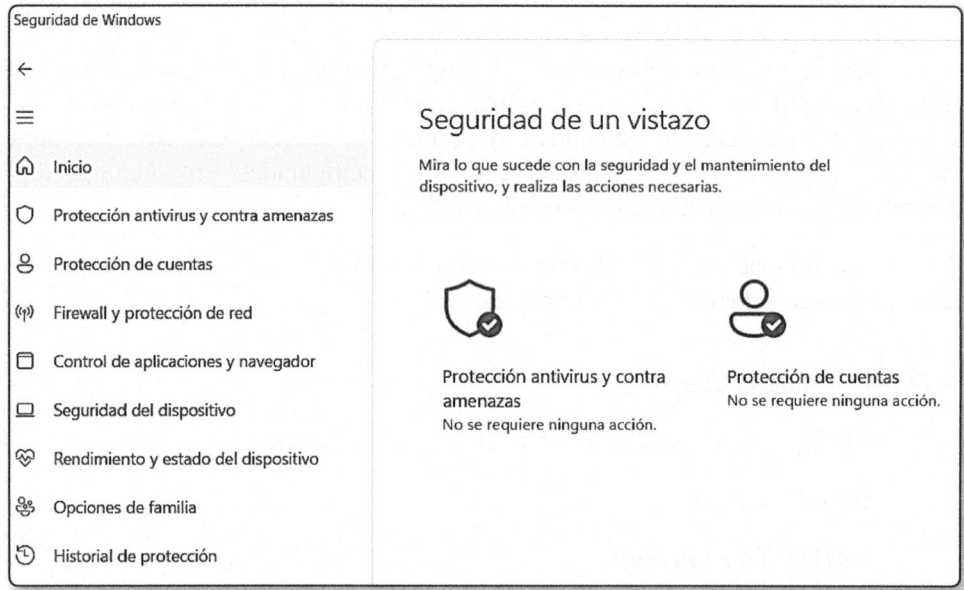

3. Activar la protección antivirus

Microsoft Defender proporciona protección en tiempo real frente a malware.

Pasos:

1. Dentro de **Seguridad de Windows**, entra en **Protección contra virus y amenazas**.

2. Comprueba que la **protección en tiempo real** está activada.

3. Ejecuta un **análisis rápido** o completo.

ⓘ **Consejo profesional**

Pograma análisis periódicos.

---

4. Configurar el Firewall

El firewall controla el tráfico de red y bloquea conexiones sospechosas.

Procedimiento:

1. Accede a **Firewall y protección de red**.

2. Verifica que esté activado en redes:

   - Dominio.

   - Privada.

   - Pública.

3. Revisa las aplicaciones permitidas.

(i) **Importante**

No desactives el firewall salvo por motivos técnicos justificados.

---

5. Activar el control de cuentas de usuario (UAC)

Esta función evita cambios no autorizados en el sistema.

Pasos:

1. Escribe **UAC** en el buscador de Windows.

2. Selecciona **Cambiar configuración de Control de cuentas de usuario**.

3. Ajusta el nivel al menos en el modo recomendado.

Esto obligará a confirmar acciones críticas.

6. Habilitar el cifrado del dispositivo (BitLocker)

El cifrado protege los datos en caso de pérdida o robo.

Procedimiento:

1. Ve a **Configuración → Privacidad y seguridad**.

2. Selecciona **Cifrado del dispositivo** o **BitLocker**.

3. Activa la opción.

4. Guarda la clave de recuperación en un lugar seguro.

Especialmente recomendable en portátiles.

7. Configurar copias de seguridad

Las copias permiten recuperar información tras fallos o ataques.

Pasos básicos:

1. Accede a **Configuración** → **Cuentas** → **Copia de seguridad de Windows**.

2. Activa la sincronización con **OneDrive** o utiliza un disco externo.

Buenas prácticas:

▶ Realiza copias periódicas.

▶ Verifica que pueden restaurarse.

8. Crear un punto de restauración

Permite volver a un estado anterior si surge un problema.

Procedimiento:

1. Escribe **Crear un punto de restauración** en el buscador.

2. Selecciona la unidad del sistema.

3. Pulsa **Configurar** → **Activar protección del sistema**.

4. Haz clic en **Crear**.

Es una medida preventiva muy recomendable antes de cambios importantes.

9. Revisar la protección del arranque

Windows 11 utiliza tecnologías como Secure Boot y TPM.

Qué comprobar:

▶ Que el arranque seguro esté activo en la BIOS/UEFI.

▶ Que el módulo TPM esté habilitado.

Estas funciones impiden la carga de software malicioso al iniciar el equipo.

10. Configurar opciones de protección frente a ransomware

Windows incluye protección específica contra este tipo de amenazas.

Pasos:

1. Accede a **Protección contra virus y amenazas**.

2. Entra en **Protección contra ransomware**.

3. Activa el **acceso controlado a carpetas**.

Esto bloquea modificaciones no autorizadas en archivos importantes.

11. Proteger la cuenta de usuario

Una cuenta segura reduce el riesgo de intrusión.

Recomendaciones:

- Utiliza contraseñas complejas.
- Activa la verificación en dos pasos si usas cuenta Microsoft.
- Configura Windows Hello (huella o reconocimiento facial) cuando sea posible.

12. Revisar periódicamente el estado de seguridad

Windows muestra un resumen con posibles incidencias.

Ruta:
Configuración → Privacidad y seguridad → Seguridad de Windows.

Debe aparecer el indicador en color verde.

12.10 CONFIGURACIÓN AVANZADA DEL SISTEMA

La configuración avanzada del sistema engloba el conjunto de ajustes técnicos que permiten optimizar el rendimiento del equipo, mejorar la estabilidad del sistema operativo y adaptar el entorno informático a necesidades específicas. A diferencia de las configuraciones básicas, estas opciones suelen estar orientadas a usuarios con un nivel intermedio o avanzado de conocimientos, así como a profesionales responsables del mantenimiento de equipos.

En Windows 11, muchas de estas configuraciones se encuentran en paneles administrativos diseñados para ofrecer un mayor control sobre el comportamiento del sistema. Su correcta utilización permite prevenir incidencias, gestionar recursos con mayor eficiencia y garantizar un funcionamiento más seguro.

Antes de realizar cualquier modificación avanzada, es recomendable crear un **punto de restauración** para poder revertir los cambios en caso de error.

Acceso a la configuración avanzada

Existen varias formas de acceder a estas opciones, aunque una de las más utilizadas es la siguiente:

Procedimiento:

1. Haz clic derecho sobre **Este equipo**.

2. Selecciona **Propiedades**.

3. Pulsa **Configuración avanzada del sistema**.

Se abrirá una ventana estructurada en distintas pestañas desde las que es posible administrar el rendimiento, los perfiles de usuario o el inicio del sistema.

Configuración del rendimiento

El rendimiento del sistema depende en gran medida de cómo se gestionan los recursos hardware, especialmente la memoria y el procesador.

Dentro del apartado **Opciones avanzadas**, el botón **Configuración** permite elegir entre distintas prioridades:

- Ajustar para obtener la mejor apariencia.
- Ajustar para obtener el mejor rendimiento.
- Permitir que Windows elija la configuración más adecuada.
- Personalizar efectos visuales concretos.

En equipos con recursos limitados, reducir animaciones y efectos gráficos puede mejorar notablemente la fluidez.

ⓘ **Recomendación profesional**

En entornos corporativos donde la productividad es prioritaria, suele optarse por configuraciones orientadas al rendimiento.

Memoria virtual

La memoria virtual es un mecanismo mediante el cual el sistema utiliza parte del disco como si fuera memoria RAM adicional. Esta función resulta esencial cuando se ejecutan múltiples aplicaciones simultáneamente.

Para configurarla:

1. Accede a **Opciones avanzadas** dentro del rendimiento.
2. Selecciona **Memoria virtual → Cambiar**.

El sistema suele gestionarla automáticamente, pero en algunos casos puede ser conveniente establecer valores personalizados.

Buenas prácticas:

- ▰ Mantener la opción automática salvo necesidad técnica.
- ▰ Ubicar el archivo de paginación en unidades rápidas (preferiblemente SSD).
- ▰ Evitar desactivarla completamente.

Una configuración incorrecta puede provocar bloqueos o lentitud.

Variables de entorno

Las variables de entorno son parámetros que el sistema utiliza para localizar recursos, ejecutar aplicaciones y definir rutas de acceso.

Se emplean especialmente en tareas de administración, programación o instalación de software.

Ejemplos habituales:

- ▰ PATH: indica dónde buscar archivos ejecutables.
- ▰ TEMP: define la ubicación de los archivos temporales.

Modificar estas variables requiere precaución, ya que un error puede impedir el funcionamiento de determinados programas.

ⓘ Consejo

Documentar siempre cualquier cambio realizado.

Inicio y recuperación del sistema

Este apartado permite definir el comportamiento del equipo ante errores críticos.

Entre las opciones configurables destacan:

▶ Sistema operativo predeterminado.

▶ Tiempo de espera en el arranque.

▶ Generación de volcados de memoria para diagnóstico.

▶ Reinicio automático tras un fallo.

Desactivar el reinicio automático puede resultar útil para identificar errores mediante la conocida "pantalla azul".

En entornos técnicos, estos registros son clave para el análisis de incidencias.

Perfiles de usuario

Windows permite gestionar distintos perfiles para adaptar el sistema a varios usuarios.

Desde la configuración avanzada es posible:

▶ Consultar perfiles existentes.

▶ Eliminar perfiles obsoletos.

▶ Liberar espacio en disco.

Eliminar perfiles antiguos mejora la organización y puede contribuir al rendimiento.

No obstante, debe verificarse previamente que no contienen información relevante.

Configuración del nombre del equipo y dominio

El nombre del equipo actúa como identificador dentro de una red. En organizaciones, mantener una nomenclatura coherente facilita la administración.

Desde esta sección se puede:

▶ Cambiar el nombre del dispositivo.

▶ Integrarlo en un grupo de trabajo.

▶ Unirlo a un dominio corporativo.

La integración en dominio permite aplicar políticas de seguridad centralizadas y gestionar permisos de forma más eficiente.

Protección del sistema

Aunque forma parte de la seguridad, también se integra dentro de la configuración avanzada.

Permite:

- Activar la protección en distintas unidades.
- Definir el espacio destinado a puntos de restauración.
- Restaurar el sistema a estados anteriores.

Esta herramienta es especialmente útil tras instalaciones defectuosas o cambios críticos.

Configuración avanzada de hardware

Desde el Administrador de dispositivos pueden ajustarse parámetros específicos como:

- Prioridades de ciertos dispositivos.
- Controladores.
- Recursos asignados.

Mantener los drivers actualizados mejora la compatibilidad y reduce errores.

Optimización del arranque

Un sistema con demasiados programas iniciándose automáticamente puede volverse lento.

Para gestionarlos:

1. Abre el **Administrador de tareas**.
2. Accede a la pestaña **Inicio**.
3. Deshabilita aplicaciones innecesarias.

Esto reduce el tiempo de arranque y libera recursos.

Importancia de la configuración avanzada en entornos profesionales

Una gestión adecuada de estos parámetros permite:

▸ Mejorar el rendimiento global.

▸ Reducir incidencias técnicas.

▸ Incrementar la seguridad.

▸ Facilitar el mantenimiento.

▸ Adaptar el sistema a distintos perfiles de uso.

Sin embargo, debe evitarse modificar configuraciones sin comprender su impacto.

Recomendaciones antes de realizar cambios avanzados

Para minimizar riesgos:

▸ Crear siempre un punto de restauración.

▸ Documentar las modificaciones.

▸ Aplicar cambios de forma gradual.

▸ Verificar el funcionamiento tras cada ajuste.

▸ Seguir las directrices del departamento de TI en entornos corporativos.

ACTIVIDADES

Actividad 1. Interpretación de mensajes y avisos del sistema

Objetivo: identificar y clasificar avisos del sistema según su nivel de importancia.

Desarrollo: durante una sesión de trabajo normal, revisa el centro de notificaciones de Windows 11 y registra al menos cinco avisos distintos.

Clasifica cada aviso en una tabla con los siguientes campos:

▸ Tipo de aviso: informativo, advertencia, error, crítico.

▸ Origen: sistema, seguridad, aplicación, almacenamiento, red.

▸ Acción recomendada: ninguna, revisar, actuar, solicitar soporte.

▸ Riesgo si se ignora: bajo, medio, alto.

Resultado esperado: Comprender la función preventiva de los avisos del sistema y priorizar actuaciones.

Actividad 2. Consulta de eventos del sistema con el Visor de eventos

Objetivo: aprender a localizar eventos relevantes para el diagnóstico de incidencias.

Desarrollo: accede al Visor de eventos y revisa los registros de las últimas 24 horas en "Sistema" y "Aplicación".

Registra en un listado:

- Un evento informativo.
- Un evento de advertencia.
- Un evento de error.

Para cada uno indica:

- Fecha y hora.
- Id. del evento.
- Origen del evento.
- Descripción resumida.

Resultado esperado: identificar eventos clave y entender su utilidad para el diagnóstico.

Actividad 3. Evaluación del rendimiento con el Administrador de tareas

Objetivo: interpretar indicadores de CPU, memoria, disco y red para detectar cuellos de botella.

Desarrollo abre el Administrador de tareas y observa la pestaña "Rendimiento" durante 5 minutos mientras utilizas dos aplicaciones habituales (por ejemplo, navegador y procesador de texto).

Registra los valores aproximados:

- CPU: porcentaje medio y picos.
- Memoria: porcentaje en uso.
- Disco: actividad y tipo de unidad si aparece.
- Red: actividad si hay conexión.

Elabora una conclusión breve indicando si el rendimiento es adecuado y por qué.

Resultado esperado: relacionar el uso real del equipo con los indicadores de rendimiento.

Actividad 4. Gestión de procesos: identificación y finalización segura

Objetivo: distinguir procesos de usuario frente a procesos del sistema y actuar sin comprometer la estabilidad.

Desarrollo: en la pestaña "Procesos" del Administrador de tareas, identifica:

⚐ Tres procesos asociados a aplicaciones abiertas por el usuario.

⚐ Tres procesos en segundo plano del sistema.

Para cada uno indica:

⚐ Nombre del proceso.

⚐ Tipo: usuario o sistema.

⚐ Recurso principal consumido: CPU, memoria o disco.

Finaliza únicamente una aplicación de usuario que no sea necesaria y verifica que el sistema sigue estable.

Resultado esperado: mejorar la capacidad de control de procesos sin generar riesgos.

Actividad 5. Uso responsable del Editor del registro: copia de seguridad y exploración

Objetivo: reconocer la estructura del registro y aplicar medidas de seguridad antes de cualquier cambio.

Desarrollo: abre el Editor del registro y realiza una exportación de seguridad del registro o de una rama concreta.

Completa un registro de la actividad indicando:

⚐ Ruta exportada: por ejemplo, HKEY_CURRENT_USER.

⚐ Ubicación del archivo exportado.

⚐ Nombre asignado al archivo.

⚐ Motivo de la copia: prevención, cambio, diagnóstico.

Después, localiza y anota la función general de estas claves:

⚐ HKEY_LOCAL_MACHINE.

⚐ HKEY_CURRENT_USER.

Resultado esperado: aplicar prácticas seguras y comprender la organización básica del registro.

PREGUNTAS TIPO TEST

1. ¿Qué finalidad principal tienen los mensajes y avisos del sistema?

a) Ejecutar programas de forma automática.

b) Informar y alertar al usuario sobre el estado del sistema y acciones recomendadas.

c) Desfragmentar el disco en segundo plano.

d) Sustituir al antivirus del equipo.

2. ¿Qué herramienta de Windows 11 permite consultar registros de errores, advertencias e información del sistema?

a) Administrador de dispositivos.

b) Visor de eventos.

c) Administrador de impresión.

d) Panel de control.

3. ¿Cuál es una señal típica de cuello de botella relacionado con la memoria RAM?

a) CPU al 1 % constante.

b) Memoria en uso cercana al límite y uso intensivo de paginación.

c) Red sin actividad.

d) Pantalla apagada por ahorro de energía.

4. ¿Qué pestaña del Administrador de tareas se utiliza para gestionar programas que se cargan al arrancar Windows?

a) Procesos.

b) Rendimiento.

c) Inicio.

d) Usuarios.

5. ¿Cuál es la recomendación más correcta antes de realizar cambios en el Editor del registro?

a) Eliminar claves antiguas para acelerar el sistema sin comprobar nada.

b) Desactivar el antivirus para que no interfiera.

c) Crear una copia de seguridad del registro o de la rama que se vaya a modificar.

d) Reiniciar el equipo varias veces para "limpiar" el registro.

RESPUESTAS

1. B.

1. B.

2. B.

3. C.

4. C.

13

UTILIZACIÓN DE LAS HERRAMIENTAS DEL SISTEMA

Las herramientas del sistema son utilidades integradas en el sistema operativo que permiten mantener el equipo en condiciones óptimas de funcionamiento. Su uso periódico contribuye a mejorar el rendimiento, prevenir errores y prolongar la vida útil de los dispositivos de almacenamiento.

En Windows 11, muchas de estas herramientas están automatizadas, pero conocer su funcionamiento y saber ejecutarlas manualmente resulta fundamental en entornos profesionales donde el mantenimiento preventivo forma parte de las buenas prácticas tecnológicas.

Entre las más relevantes destacan el **desfragmentado de disco** y la **liberación de espacio**, dos procedimientos orientados a optimizar el almacenamiento y garantizar un acceso más rápido a la información.

13.1 DESFRAGMENTADO DE DISCO

El desfragmentado es un proceso mediante el cual el sistema reorganiza los datos almacenados en un disco para que los archivos se ubiquen en sectores contiguos. Con el uso diario, los archivos tienden a fragmentarse, es decir, a dividirse en múltiples partes dispersas por el disco. Esto obliga al sistema a realizar más movimientos para acceder a la información, lo que puede ralentizar el equipo.

Es importante señalar que este procedimiento está especialmente pensado para discos duros mecánicos (**HDD**). En las unidades de estado sólido (**SSD**), el sistema realiza automáticamente tareas de optimización diferentes, por lo que no es necesario desfragmentar manualmente.

¿Cuándo es recomendable desfragmentar?

- Cuando el sistema muestra lentitud al abrir archivos.
- Tras instalar o eliminar gran cantidad de programas.
- Si se trabaja con archivos muy pesados.
- Como parte del mantenimiento periódico del equipo.

Cómo desfragmentar un disco en Windows 11

Procedimiento paso a paso:

1. Haz clic en el buscador de la barra de tareas.

2. Escribe **"Desfragmentar y optimizar unidades"**.

3. Selecciona la herramienta cuando aparezca en la lista.

4. Elige la unidad que deseas analizar.

5. Pulsa **"Analizar"** para comprobar el nivel de fragmentación.

6. Si el sistema lo recomienda, haz clic en **"Optimizar"**.

El proceso puede tardar varios minutos dependiendo del tamaño del disco y del grado de fragmentación.

Recomendaciones importantes:

- No apagar el equipo durante la optimización.
- Evitar ejecutar programas pesados mientras se realiza el proceso.
- Mantener el equipo conectado a la corriente si es un portátil.

Optimización automática

Windows 11 programa automáticamente la optimización del almacenamiento. No obstante, es conveniente verificar que esta opción esté activa:

1. Dentro de la misma herramienta, pulsa **"Cambiar configuración"**.

2. Comprueba que la optimización programada esté habilitada.

3. Selecciona la frecuencia deseada (semanal suele ser suficiente).

Este ajuste reduce la necesidad de intervención manual.

Unidad	Tipo de medio	Estado actual	Analizado por ultima vez
🖥 Disco Local (O)	Unidad de estado	Fragmentado: 4%	18/04/2024 10:25
🖥 Unidad Nuevo (D·)	Disco duto	Fragmentado: 94%	17/04/2024 14:10
🖥 SSD (E)	Unidad de estado	Fragmentado: 0%	19/04/2024 15:44
🖥 USB Drive (F)	Unidad extraible	Fragmentado: 0%	18/04/2024 10:25
🖥 USD	Unidad extraible	Fragmentado: 0%	18/04/2024 10:25

Analizar   Optimizar

Cambiar configuracion

Los tipos de medios distintos a las unidades de estado solido deben optimizarse mediame la desfragmentacion

13.2 LIBERACIÓN DE ESPACIO

La acumulación de archivos innecesarios es una de las causas más frecuentes de pérdida de rendimiento. Elementos como archivos temporales, instalaciones antiguas o contenido de la papelera ocupan espacio que el sistema podría utilizar de forma más eficiente.

La liberación de espacio consiste en eliminar estos datos prescindibles para mejorar la capacidad de almacenamiento y favorecer el funcionamiento del equipo.

Beneficios de liberar espacio

- ▰ Mejora la velocidad del sistema.
- ▰ Facilita la instalación de actualizaciones.
- ▰ Reduce el riesgo de errores.
- ▰ Optimiza el almacenamiento disponible.
- ▰ Favorece un entorno de trabajo más ordenado.

Cómo liberar espacio con la herramienta integrada

Windows 11 dispone de varias opciones, siendo una de las más eficaces el **Sensor de almacenamiento**.

Método 1: Liberación rápida desde Configuración

1. Abre **Configuración**.

2. Accede a **Sistema → Almacenamiento**.

3. Revisa el uso del espacio por categorías.

4. Selecciona **Archivos temporales**.

5. Marca los elementos que deseas eliminar.

6. Pulsa **"Quitar archivos"**.

Activar el Sensor de almacenamiento

El Sensor de almacenamiento permite automatizar la limpieza del sistema.

Pasos para activarlo:

1. Ve a **Configuración → Sistema → Almacenamiento**.

2. Activa la opción **Sensor de almacenamiento**.

3. Entra en su configuración para definir cuándo ejecutar la limpieza (diaria, semanal o mensual).

Esta función puede eliminar automáticamente:

▶ Archivos temporales.
▶ Elementos de la papelera.
▶ Descargas antiguas.
▶ Archivos sin uso.

Liberación avanzada mediante limpieza de disco

Otra herramienta clásica sigue siendo muy útil para eliminar archivos del sistema.

Procedimiento:

1. Escribe **"Liberador de espacio en disco"** en el buscador.
2. Selecciona la unidad que deseas limpiar.
3. Marca los tipos de archivo a eliminar.
4. Pulsa **Aceptar**.

Si eliges **"Limpiar archivos del sistema"**, podrás eliminar instalaciones anteriores de Windows, lo que puede liberar varios gigabytes.

> **ⓘ Precaución**
>
> Asegúrate de no eliminar archivos necesarios.

Recomendaciones para mantener espacio disponible

- Revisar periódicamente la carpeta Descargas.
- Vaciar la papelera de reciclaje.
- Desinstalar programas que no se utilicen.
- Guardar archivos pesados en almacenamiento externo o en la nube.
- Evitar duplicados.

Un almacenamiento saturado puede afectar incluso al arranque del sistema.

13.3 IMPORTANCIA DEL MANTENIMIENTO DEL ALMACENAMIENTO

El desfragmentado y la liberación de espacio forman parte del mantenimiento preventivo del sistema. Aunque son procedimientos sencillos, su impacto en el rendimiento puede ser significativo.

Un equipo bien mantenido:

- Responde con mayor rapidez.
- Reduce el riesgo de fallos.
- Permite trabajar con mayor eficiencia.
- Facilita la instalación de software y actualizaciones.

En entornos profesionales, estas tareas suelen integrarse en planes periódicos de revisión para garantizar la continuidad operativa.

Programación de tareas

La programación de tareas es una funcionalidad del sistema operativo que permite automatizar la ejecución de procesos sin necesidad de intervención directa del usuario. Gracias a esta herramienta, es posible configurar acciones para que se realicen en momentos concretos o bajo determinadas condiciones, lo que contribuye a mejorar la eficiencia operativa y garantizar el mantenimiento periódico del equipo.

En Windows 11, esta función se gestiona mediante el **Programador de tareas**, una utilidad especialmente valiosa en entornos profesionales donde la automatización reduce la carga de trabajo y minimiza la posibilidad de olvidos.

Entre las acciones que pueden programarse se encuentran:

- Ejecución automática de copias de seguridad.
- Inicio de aplicaciones.
- Limpieza de archivos temporales.
- Ejecución de scripts administrativos.
- Comprobaciones de seguridad.
- Apagado o reinicio del equipo.

Automatizar estas tareas permite mantener el sistema en condiciones óptimas sin interrumpir la actividad diaria.

Ventajas de la programación de tareas

- Reduce la intervención manual.
- Garantiza la ejecución periódica del mantenimiento.
- Mejora la organización del trabajo.
- Permite planificar procesos fuera del horario laboral.
- Incrementa la seguridad mediante revisiones automatizadas.

En organizaciones con numerosos equipos, esta herramienta resulta clave para estandarizar procedimientos.

Cómo acceder al Programador de tareas

Procedimiento:

1. Haz clic en el buscador de la barra de tareas.
2. Escribe **"Programador de tareas"**.
3. Selecciona la aplicación en los resultados.

Al abrirla, se muestra una consola desde la cual es posible crear, modificar o supervisar tareas.

Crear una tarea básica paso a paso

1. Dentro del panel derecho, selecciona **"Crear tarea básica..."**.

2. Introduce un nombre y una descripción que permitan identificarla fácilmente.

3. Define el desencadenante, es decir, cuándo se ejecutará:

   - Diariamente.

   - Semanalmente.

   - Al iniciar el sistema.

   - Al iniciar sesión.

4. Indica la acción que debe realizar:

   - Iniciar un programa.

   - Enviar un correo (según configuración).

   - Ejecutar un script.

5. Revisa el resumen y pulsa **Finalizar**.

La tarea quedará registrada y se ejecutará automáticamente según la programación establecida.

Recomendaciones para una programación eficaz

- Utilizar nombres descriptivos.
- Evitar programar demasiadas tareas simultáneamente.
- Revisar periódicamente su funcionamiento.
- Priorizar horarios de baja actividad.
- Documentar las tareas en entornos corporativos.

Una planificación adecuada evita sobrecargas del sistema y garantiza resultados consistentes.

Restauración del sistema

La restauración del sistema es una herramienta de recuperación que permite devolver el equipo a un estado anterior cuando se produce un problema que afecta a su funcionamiento. Este proceso resulta especialmente útil tras instalaciones fallidas, conflictos entre programas o actualizaciones defectuosas.

La restauración no afecta a los archivos personales, pero sí revierte cambios en configuraciones, controladores y aplicaciones recientes.

Podría compararse con un "punto de retorno" que permite recuperar la estabilidad sin necesidad de reinstalar el sistema operativo.

¿Qué es un punto de restauración?

Un punto de restauración es una copia del estado del sistema en un momento determinado. Windows suele generarlos automáticamente antes de eventos importantes, como:

- Instalación de actualizaciones.
- Incorporación de nuevos controladores.
- Instalación de software crítico.
- Cambios relevantes en la configuración.

También pueden crearse manualmente como medida preventiva.

Ventajas de la restauración del sistema

- Permite solucionar errores rápidamente.
- Evita reinstalaciones completas.
- Reduce el tiempo de inactividad.
- Facilita la recuperación tras cambios problemáticos.
- Mejora la continuidad operativa.

Por ello, es una herramienta muy valorada en la administración de sistemas.

Cómo activar la protección del sistema

Antes de poder restaurar el equipo, esta función debe estar habilitada.

Pasos:

1. Escribe **"Crear un punto de restauración"** en el buscador.

2. Accede a la pestaña **Protección del sistema**.

3. Selecciona la unidad principal (normalmente C:).

4. Pulsa **Configurar**.

5. Activa **"Activar protección del sistema"**.

6. Define el espacio que se reservará para los puntos de restauración.

7. Haz clic en **Aceptar**.

Crear un punto de restauración manual

1. Dentro de la misma ventana, pulsa **Crear**.

2. Introduce una descripción (por ejemplo, "Antes de instalar software").

3. Confirma la operación.

Este procedimiento es recomendable antes de realizar cambios importantes.

Cómo restaurar el sistema

Si el equipo presenta fallos, puede volver a un estado anterior siguiendo estos pasos:

1. Busca **"Recuperación"** en el sistema.

2. Selecciona **Abrir Restaurar sistema**.

3. Elige el punto de restauración deseado.

4. Confirma la operación y reinicia el equipo.

Tras el reinicio, Windows aplicará los cambios automáticamente.

Recomendaciones en la restauración

▶ Crear puntos antes de modificaciones relevantes.

▶ No desactivar la protección del sistema.

▶ Mantener espacio suficiente para almacenar puntos.

▶ Combinar esta herramienta con copias de seguridad.

Es importante recordar que la restauración no sustituye a un backup completo.

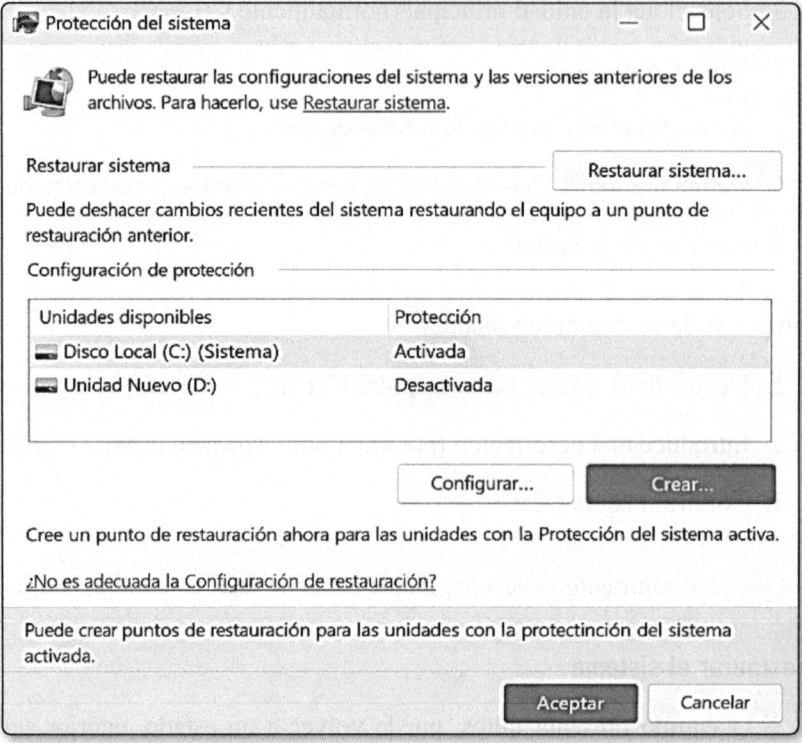

Importancia de la automatización y la recuperación

La programación de tareas y la restauración del sistema representan dos pilares del mantenimiento moderno:

▶ La primera previene problemas mediante automatización.

▶ La segunda permite recuperarse rápidamente cuando surgen fallos.

Un sistema que combina ambas estrategias es más estable, seguro y fácil de administrar.

13.4 MENSAJES Y AVISOS DEL SISTEMA

Los mensajes y avisos del sistema constituyen un mecanismo esencial de comunicación entre el sistema operativo y la persona usuaria. A través de estas notificaciones, el equipo informa sobre su estado, advierte de posibles incidencias y orienta sobre acciones necesarias para garantizar el correcto funcionamiento.

Comprender el significado de estos mensajes es una competencia básica dentro de la gestión de procesos y recursos, ya que permite actuar con rapidez ante situaciones que podrían afectar al rendimiento, la seguridad o la estabilidad del sistema.

En Windows 11, los avisos aparecen generalmente en forma de notificaciones emergentes, ventanas de diálogo o alertas dentro del centro de notificaciones. Ignorarlos de forma reiterada puede derivar en problemas mayores, como fallos de seguridad, pérdida de datos o interrupciones del servicio.

Función de los mensajes del sistema

El objetivo principal de estos avisos es proporcionar información relevante para que el usuario pueda tomar decisiones adecuadas. No todos los mensajes indican errores; muchos cumplen una función preventiva o informativa.

Entre sus finalidades más importantes destacan:

- Informar sobre el estado del sistema.
- Advertir de riesgos potenciales.
- Solicitar confirmación antes de realizar cambios importantes.
- Notificar la finalización de procesos.
- Recomendar acciones de mantenimiento.

Una interpretación correcta contribuye a mejorar la administración del equipo y evita intervenciones innecesarias.

Tipos de mensajes del sistema

Los sistemas operativos modernos clasifican sus notificaciones según el nivel de importancia. Reconocer esta jerarquía ayuda a priorizar la respuesta.

Mensajes informativos

Comunican eventos normales sin requerir intervención inmediata.

Ejemplos habituales:

▶ Finalización de una actualización.

▶ Conexión de un dispositivo externo.

▶ Instalación correcta de una aplicación.

Estos avisos ayudan a mantener al usuario informado sobre la actividad del sistema.

Mensajes de advertencia

Alertan sobre situaciones que podrían convertirse en un problema si no se atienden.

Ejemplos:

▶ Espacio de almacenamiento insuficiente.

▶ Batería baja en equipos portátiles.

▶ Aplicaciones que consumen demasiados recursos.

▶ Archivos pendientes de sincronización.

Responder a tiempo evita la degradación del rendimiento.

Mensajes de error

Indican que se ha producido un fallo que impide completar una operación.

Entre los más comunes se encuentran:

▶ Error al instalar una actualización.

▶ Dispositivo no reconocido.

▶ Falta de permisos para realizar una acción.

▶ Archivo dañado o inaccesible.

Ante estos mensajes, conviene analizar la causa antes de repetir la operación.

Mensajes críticos

Señalan problemas graves que pueden comprometer el funcionamiento del sistema.

Ejemplos:

- Fallos de arranque.
- Pantallas azules.
- Errores de hardware.
- Amenazas de seguridad detectadas.

En estos casos, la intervención debe ser inmediata.

Interpretación de los mensajes

No basta con leer una alerta; es necesario comprenderla. Muchos avisos incluyen códigos o descripciones técnicas que pueden parecer complejas, pero suelen ofrecer pistas sobre el origen del problema.

Para interpretarlos correctamente se recomienda:

- Leer el mensaje completo antes de actuar.
- No cerrarlo automáticamente.
- Consultar la ayuda del sistema si existen dudas.
- Buscar información en fuentes oficiales cuando sea necesario.

Actuar de forma impulsiva puede agravar la incidencia.

Centro de notificaciones de Windows

Windows 11 centraliza gran parte de los avisos en el **centro de notificaciones**, accesible desde el extremo derecho de la barra de tareas.

Desde este panel es posible:

- Revisar alertas recientes.
- Gestionar notificaciones.
- Activar o desactivar avisos de aplicaciones.
- Acceder rápidamente a configuraciones.

Una revisión periódica evita pasar por alto advertencias importantes.

Configuración de las notificaciones

El sistema permite personalizar qué mensajes se reciben y cómo se muestran, evitando interrupciones innecesarias sin perder información relevante.

Pasos para configurar las notificaciones:

1. Abrir **Configuración**.

2. Acceder a **Sistema**.

3. Seleccionar **Notificaciones**.

4. Activar o desactivar avisos según las preferencias.

5. Configurar qué aplicaciones pueden enviar notificaciones.

En entornos profesionales, es recomendable mantener activas las alertas relacionadas con la seguridad y el mantenimiento.

Asistentes de ayuda ante errores

Cuando se produce un fallo, Windows suele ofrecer herramientas automáticas de diagnóstico capaces de detectar y, en algunos casos, solucionar el problema.

Entre ellas destacan:

▶ Solucionadores de problemas integrados.
▶ Recomendaciones de seguridad.
▶ Enlaces a soporte técnico.
▶ Opciones de reinicio o reparación.

Aprovechar estos recursos reduce el tiempo de resolución.

Recomendaciones en la gestión de avisos

Para garantizar un uso eficiente del sistema se aconseja:

▶ No ignorar alertas repetitivas.
▶ Mantener actualizado el sistema operativo.
▶ Liberar espacio cuando se reciba un aviso de almacenamiento.
▶ Revisar las notificaciones de seguridad.
▶ Reiniciar el equipo cuando el sistema lo recomiende.

Estas acciones preventivas contribuyen a mantener la estabilidad.

Impacto en la gestión de procesos y recursos

Los mensajes del sistema están estrechamente relacionados con la administración de recursos. Muchas notificaciones informan sobre consumo elevado de CPU, memoria o almacenamiento, lo que permite detectar cuellos de botella antes de que afecten a la productividad.

Por ejemplo, un aviso sobre uso excesivo de memoria puede indicar que varias aplicaciones están abiertas simultáneamente, mientras que una alerta de temperatura podría señalar problemas de ventilación.

La supervisión activa de estos mensajes favorece un entorno informático más eficiente.

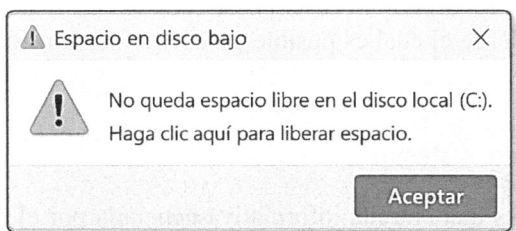

Importancia de atender los mensajes del sistema

Los avisos no deben percibirse como simples interrupciones, sino como herramientas de prevención que ayudan a anticipar problemas y a proteger el equipo.

Un usuario que comprende estos mensajes puede:

- Detectar fallos con mayor rapidez.
- Evitar pérdidas de información.
- Optimizar el rendimiento.
- Mantener el sistema seguro.
- Reducir tiempos de inactividad.

En entornos profesionales, esta capacidad marca la diferencia entre una gestión reactiva y una administración tecnológica eficiente.

13.5 EVENTOS DEL SISTEMA

Los eventos del sistema son registros automáticos que el sistema operativo genera para documentar todo aquello que ocurre durante el funcionamiento del equipo. Cada acción relevante —desde el arranque del sistema hasta la instalación de un programa o la aparición de un error— queda almacenada en un registro que puede consultarse posteriormente.

Estos eventos constituyen una herramienta fundamental para la administración informática, ya que permiten analizar el comportamiento del sistema, diagnosticar incidencias y anticipar posibles fallos. En entornos profesionales, su revisión forma parte de las tareas habituales de mantenimiento preventivo.

Windows 11 incorpora un sistema estructurado de registros conocido como **Visor de eventos**, desde el cual es posible acceder a información detallada sobre el estado del equipo.

¿Qué es un evento del sistema?

Un evento es una entrada informativa generada por el sistema operativo o por una aplicación cuando se produce una acción determinada. Cada registro incluye datos como:

- Fecha y hora.
- Origen del evento.
- Tipo de suceso.
- Identificador del evento.
- Descripción detallada.

Esta información permite reconstruir lo ocurrido en el sistema con gran precisión.

Tipos de eventos

El sistema clasifica los eventos según su nivel de importancia, facilitando así su interpretación.

Eventos informativos

Indican que una operación se ha realizado correctamente.

Ejemplos:

▼ Inicio o apagado del sistema.

▼ Actualización completada.

▼ Carga correcta de un servicio.

No requieren intervención, pero ayudan a comprender la actividad del equipo.

Eventos de advertencia

Señalan situaciones que podrían derivar en un problema si no se supervisan.

Ejemplos:

▼ Poco espacio en disco.

▼ Retrasos en la carga de servicios.

▼ Fallos puntuales de conectividad.

Conviene revisarlos para prevenir incidencias mayores.

Eventos de error

Indican fallos que han impedido completar una operación.

Ejemplos:

▼ Aplicación que deja de responder.

▼ Controlador defectuoso.

▼ Problemas de acceso a un archivo.

Su análisis resulta clave para la resolución de problemas.

Eventos críticos

Representan fallos graves que pueden afectar a la estabilidad del sistema.

Ejemplos:

▼ Apagados inesperados.

▼ Errores de hardware.

▼ Fallos durante el arranque.

Requieren actuación inmediata.

Acceso al Visor de eventos

Para consultar los registros del sistema en Windows 11, debe utilizarse la herramienta integrada.

Procedimiento:

1. Pulsar **Windows + X**.

2. Seleccionar **Visor de eventos**.

3. Acceder a **Registros de Windows**.

4. Elegir el tipo de registro que se desea analizar (Sistema, Aplicación, Seguridad, etc.).

También puede localizarse escribiendo "Visor de eventos" en el buscador del sistema.

Registros más importantes

Dentro del visor existen varios apartados relevantes:

Registro del sistema

Contiene eventos relacionados con el funcionamiento del hardware y los componentes internos.

Registro de aplicaciones

Incluye sucesos generados por los programas instalados.

Registro de seguridad

Documenta accesos, inicios de sesión y actividades relacionadas con la protección del sistema.

Registro de instalación

Recoge información sobre actualizaciones y configuraciones.

Conocer estos apartados facilita la localización de incidencias.

Interpretación básica de los eventos

Aunque algunos mensajes pueden parecer técnicos, es posible extraer conclusiones útiles observando ciertos elementos:

- ⚐ Frecuencia del error.
- ⚐ Momento en que se produce.
- ⚐ Servicio o aplicación implicada.
- ⚐ Relación con cambios recientes en el sistema.

Por ejemplo, si un error aparece tras instalar un controlador, es probable que exista una incompatibilidad.

Recomendaciones en la gestión de eventos

Se recomienda:

- ⚐ Revisar periódicamente los registros críticos.
- ⚐ Investigar errores recurrentes.
- ⚐ Documentar incidencias importantes.
- ⚐ Evitar eliminar registros sin analizarlos previamente.

Estas prácticas permiten mantener un control más preciso del sistema.

Importancia en entornos profesionales

El análisis de eventos permite adoptar un enfoque preventivo en la administración informática. Gracias a estos registros es posible:

- ⚐ Detectar fallos antes de que se agraven.
- ⚐ Mejorar la seguridad.
- ⚐ Optimizar el rendimiento.
- ⚐ Reducir tiempos de inactividad.

Por ello, el conocimiento del visor de eventos se considera una competencia esencial para perfiles técnicos.

13.6 RENDIMIENTO DEL SISTEMA

El rendimiento del sistema hace referencia a la capacidad del equipo para ejecutar tareas de manera rápida, estable y eficiente. Un sistema con buen rendimiento responde con fluidez, permite trabajar con varias aplicaciones simultáneamente y reduce los tiempos de espera.

Por el contrario, un bajo rendimiento puede manifestarse mediante lentitud, bloqueos o retrasos en la ejecución de procesos.

Supervisar este aspecto es clave dentro de la gestión de recursos, ya que permite detectar sobrecargas y aplicar medidas correctivas.

Factores que influyen en el rendimiento

El comportamiento del sistema depende de diversos elementos:

Procesador (CPU)

Determina la velocidad con la que se ejecutan las instrucciones.

Memoria RAM

Influye en la capacidad para trabajar con múltiples programas.

Almacenamiento

Las unidades SSD ofrecen mayor rapidez que los discos tradicionales.

Tarjeta gráfica

Impacta en tareas visuales o multimedia.

Procesos en segundo plano

Un exceso puede consumir recursos innecesariamente.

Cómo supervisar el rendimiento

Windows 11 integra herramientas que permiten observar en tiempo real el uso de los recursos.

Administrador de tareas

Es la utilidad más accesible para comprobar el estado del sistema.

Pasos para abrirlo:

1. Pulsar **Ctrl + Shift + Esc**.

2. Acceder a la pestaña **Rendimiento**.

3. Analizar el uso de CPU, memoria, disco y red.

Desde esta herramienta también es posible cerrar aplicaciones que consumen demasiados recursos.

Monitor de recursos

Ofrece un análisis más detallado del comportamiento del sistema.

Para acceder:

1. Abrir el Administrador de tareas.

2. Ir a la pestaña **Rendimiento**.

3. Seleccionar **Abrir Monitor de recursos**.

Permite identificar qué procesos están generando mayor carga.

Indicadores de bajo rendimiento

Algunas señales que pueden alertar de un problema son:

- Arranque excesivamente lento.
- Aplicaciones que tardan en abrirse.
- Congelaciones frecuentes.
- Uso constante de memoria cercana al límite.
- Actividad elevada del disco sin motivo aparente.

Detectarlas a tiempo facilita la intervención.

Medidas para mejorar el rendimiento

Entre las acciones más eficaces destacan:

- Cerrar programas innecesarios.
- Desactivar aplicaciones de inicio automático.
- Liberar espacio en disco.
- Mantener el sistema actualizado.
- Ampliar la memoria RAM si es posible.
- Utilizar almacenamiento SSD.

Una estrategia de mantenimiento adecuada prolonga la vida útil del equipo.

Relación entre eventos y rendimiento

Los eventos del sistema y el rendimiento están estrechamente vinculados. Muchos problemas de velocidad pueden rastrearse mediante los registros, lo que permite identificar la causa real del fallo.

Por ejemplo:

- Errores de controlador pueden ralentizar el sistema.
- Servicios que fallan repetidamente consumen recursos.
- Actualizaciones incompletas pueden afectar a la estabilidad.

El análisis conjunto de ambas herramientas proporciona una visión global del estado del equipo.

Importancia del control del rendimiento

Supervisar el rendimiento no solo mejora la experiencia de uso, sino que también favorece la productividad y evita interrupciones en el trabajo.

Un sistema optimizado permite:

- Ejecutar tareas con mayor rapidez.
- Reducir fallos.
- Garantizar estabilidad.
- Aprovechar mejor los recursos disponibles.

En entornos profesionales, esta supervisión forma parte de las políticas de mantenimiento tecnológico.

13.7 ADMINISTRADOR DE TAREAS

El Administrador de tareas es una de las herramientas más importantes del sistema operativo para supervisar, controlar y optimizar el funcionamiento del equipo. Permite obtener una visión inmediata del estado del sistema, mostrando qué aplicaciones están en ejecución, cuántos recursos consumen y cómo se distribuye la carga de trabajo entre los distintos componentes.

Su uso es fundamental dentro de la gestión de procesos y recursos, ya que facilita la detección de problemas de rendimiento, la finalización de aplicaciones bloqueadas y la toma de decisiones orientadas a mejorar la eficiencia del sistema.

En entornos profesionales, esta herramienta se utiliza habitualmente como primer paso en el diagnóstico de incidencias.

¿Qué es el Administrador de tareas?

Se trata de una utilidad integrada en Windows que proporciona información detallada sobre:

- Aplicaciones activas.
- Procesos en segundo plano.
- Uso de CPU.
- Consumo de memoria RAM.
- Actividad del disco.
- Uso de la red.
- Rendimiento de la GPU.

Gracias a esta información, el usuario puede identificar rápidamente qué elementos están afectando al comportamiento del sistema.

Cómo abrir el Administrador de tareas

Existen varias formas de acceder a esta herramienta:

Método rápido

Presionar **Ctrl + Shift + Esc**.

Método alternativo

1. Pulsar **Ctrl + Alt + Supr**.

2. Seleccionar **Administrador de tareas**.

Desde el menú Inicio

Hacer clic derecho sobre el botón Inicio y elegir la opción correspondiente.

Principales pestañas del Administrador de tareas

Procesos

Muestra todas las aplicaciones y procesos activos junto con el consumo de recursos.

Desde aquí es posible:

▸ Detectar programas que ralentizan el equipo.

▸ Identificar procesos innecesarios.

▸ Finalizar tareas bloqueadas.

Cómo finalizar un proceso

1. Seleccionar la aplicación.

2. Hacer clic en **Finalizar tarea**.

Debe utilizarse con precaución, ya que cerrar procesos críticos puede afectar a la estabilidad.

Rendimiento

Ofrece gráficos en tiempo real sobre el uso de los recursos principales:

▸ CPU.

▸ Memoria.

▸ Disco.

▸ Red.

▸ GPU.

Esta información resulta especialmente útil para analizar cuellos de botella.

Historial de aplicaciones

Permite conocer el consumo de recursos de aplicaciones a lo largo del tiempo, algo relevante en equipos portátiles o entornos donde se controla el uso energético.

Inicio

Muestra los programas que se ejecutan automáticamente al arrancar el sistema.

Desactivar aplicaciones de inicio innecesarias puede mejorar notablemente la velocidad de arranque

Procedimiento

1. Acceder a la pestaña **Inicio**.

2. Seleccionar la aplicación.

3. Pulsar **Deshabilitar**.

Usuarios

En equipos compartidos permite visualizar qué usuarios han iniciado sesión y qué recursos están utilizando.

Detalles y servicios

Ofrecen información más técnica orientada a perfiles avanzados o administradores del sistema.

Indicadores clave que deben vigilarse

Al analizar el Administrador de tareas conviene prestar atención a:

- Uso de CPU constantemente elevado.
- Memoria cercana al límite.
- Actividad intensa del disco sin motivo.
- Procesos desconocidos.

Estos signos pueden indicar problemas de rendimiento o incluso amenazas de seguridad.

Importancia del Administrador de tareas

Dominar esta herramienta permite:

- Diagnosticar incidencias rápidamente.
- Optimizar el rendimiento.
- Controlar procesos activos.
- Mejorar la productividad.
- Reducir tiempos de inactividad.

Por ello, se considera una utilidad imprescindible dentro de la administración básica de sistemas.

13.8 EDITOR DEL REGISTRO DEL SISTEMA

El Editor del registro es una herramienta avanzada que permite visualizar y modificar la base de datos donde Windows almacena gran parte de su configuración interna. Este registro contiene información crítica sobre el hardware, el software instalado, las cuentas de usuario y los parámetros del sistema.

Debido a su sensibilidad, debe utilizarse con extrema precaución. Una modificación incorrecta puede provocar errores graves o impedir el arranque del sistema.

¿Qué es el registro del sistema?

El registro es una estructura jerárquica formada por claves y valores que funcionan de manera similar a las carpetas y archivos.

En él se guardan configuraciones como:

- Preferencias del sistema operativo.
- Parámetros de aplicaciones.
- Información de controladores.
- Ajustes de seguridad.
- Perfiles de usuario.

Cada vez que se instala un programa o se modifica una configuración, el registro suele actualizarse.

Cómo abrir el Editor del registro

Procedimiento

1. Pulsar **Windows + R** para abrir la ventana Ejecutar.

2. Escribir **regedit**.

3. Pulsar **Aceptar**.

4. Confirmar el permiso de administrador si se solicita.

Estructura básica del registro

El registro se organiza en varias claves raíz. Algunas de las más importantes son:

► **HKEY_LOCAL_MACHINE (HKLM)**

Contiene información sobre el hardware y la configuración global del equipo.

► **HKEY_CURRENT_USER (HKCU)**

Almacena las preferencias del usuario que ha iniciado sesión.

► **HKEY_CLASSES_ROOT**

Gestiona asociaciones de archivos y configuraciones relacionadas con programas.

► **HKEY_USERS**

Incluye los perfiles de todos los usuarios.

Comprender esta estructura facilita la navegación.

¿Para qué se utiliza el Editor del registro?

Entre sus aplicaciones más habituales destacan:

▶ Modificar configuraciones avanzadas.

▶ Solucionar errores específicos.

▶ Eliminar restos de programas desinstalados.

▶ Personalizar el comportamiento del sistema.

▶ Aplicar ajustes técnicos no disponibles desde la interfaz gráfica.

En muchos casos, estas tareas están orientadas a administradores o usuarios con conocimientos avanzados.

Crear una copia de seguridad del registro

Antes de realizar cualquier cambio es imprescindible generar una copia de seguridad.

Pasos recomendados

1. Abrir el Editor del registro.

2. Seleccionar **Archivo** → **Exportar**.

3. Elegir una ubicación segura.

4. Guardar el archivo.

Si algo falla, podrá restaurarse posteriormente mediante la opción **Importar**.

Riesgos asociados a su modificación

Alterar el registro sin criterio puede provocar:

▶ Fallos en aplicaciones.

▶ Inestabilidad del sistema.

▶ Problemas de arranque.

▶ Pérdida de configuraciones.

Por ello, solo deben realizarse cambios cuando exista una justificación clara.

Importancia del registro en la administración del sistema

El registro actúa como el núcleo de configuración de Windows. Aunque muchas de sus funciones operan en segundo plano, su correcta gestión influye directamente en el rendimiento y la estabilidad.

Conocer su existencia —y comprender cuándo es apropiado intervenir— permite adoptar un enfoque más profesional en la administración del entorno informático.

ACTIVIDADES

Actividad 1. Análisis y optimización de unidades

Objetivo: aplicar el uso de "Desfragmentar y optimizar unidades" según el tipo de disco.

Desarrollo: accede a la herramienta **Desfragmentar y optimizar unidades** y realiza una revisión de las unidades disponibles en el equipo.

Registra los siguientes datos:

- Tipo de unidad detectada (HDD o SSD).
- Estado actual que muestra la herramienta.
- Fecha de la última optimización.
- Recomendación del sistema (si procede).

Ejecuta la acción adecuada:

- Analiza la unidad seleccionada.
- Optimiza únicamente si el sistema lo recomienda.

Resultado esperado: diferenciar cuándo procede optimizar y comprender el objetivo de la reorganización de datos.

Actividad 2. Liberación de espacio con "Archivos temporales"

Objetivo: liberar almacenamiento eliminando datos prescindibles sin afectar al sistema.

Desarrollo: accede a **Configuración** → **Sistema** → **Almacenamiento** y entra en el apartado **Archivos temporales**.

Realiza el procedimiento completo:

▶ Identifica qué categorías consumen más espacio.

▶ Selecciona elementos que puedas eliminar con seguridad.

▶ Ejecuta la acción de eliminación desde el sistema.

▶ Comprueba el espacio liberado al finalizar.

Resultado esperado: mejorar el rendimiento del equipo mediante una limpieza controlada del almacenamiento.

Actividad 3. Configuración del Sensor de almacenamiento

Objetivo: automatizar tareas de limpieza para mantenimiento preventivo.

Desarrollo: activa y configura el **Sensor de almacenamiento** para que ejecute limpiezas periódicas.

Configura, como mínimo:

▶ Activación del Sensor de almacenamiento.

▶ Frecuencia de ejecución (diaria, semanal o mensual).

▶ Limpieza de papelera tras un periodo determinado.

▶ Gestión de la carpeta Descargas con criterio temporal.

Resultado esperado: establecer una rutina automática de mantenimiento que reduzca acumulación de archivos innecesarios.

Actividad 4. Creación de una tarea programada de mantenimiento

Objetivo: automatizar una acción del sistema mediante el Programador de tareas.

Desarrollo: accede al **Programador de tareas** y crea una **tarea básica** orientada a mantenimiento.

La tarea debe incluir:

- Nombre descriptivo de la tarea.
- Desencadenante definido (semanal, al iniciar sesión, etc.).
- Acción configurada (Iniciar un programa o ejecutar un script sencillo).
- Condición de ejecución coherente con el uso del equipo.

Comprueba que la tarea aparece en la biblioteca y queda habilitada.

Resultado esperado: comprender la lógica de desencadenante–acción y su utilidad en entornos profesionales.

Actividad 5. Creación y uso de un punto de restauración

Objetivo: aplicar un mecanismo de recuperación antes de un cambio relevante.

Desarrollo: accede a **Crear un punto de restauración** y verifica la configuración de **Protección del sistema**.

Realiza las acciones:

- Comprueba si la protección está activada en la unidad del sistema.
- Configura el espacio reservado para restauración si fuera necesario.
- Crea un punto de restauración con una descripción clara.
- Identifica el punto creado en la lista disponible de restauración.

Resultado esperado: prevenir incidencias y comprender cómo recuperar estabilidad ante cambios problemáticos.

PREGUNTAS TIPO TEST

1. **¿Para qué tipo de unidad está especialmente pensado el desfragmentado manual?**
   a) Para SSD, porque mejora la vida útil de la memoria.
   b) Para HDD, porque reduce la fragmentación y mejora el acceso a datos.
   c)) Para USB, porque aumenta el tamaño máximo de archivo.
   d) Para tarjetas SD, porque elimina virus automáticamente.

2. ¿Qué acción realiza el sistema cuando se ejecuta "Optimizar" en un disco duro mecánico?

a) Cifra los archivos y bloquea el acceso no autorizado.

b) Reorganiza los datos para que los archivos queden en sectores contiguos.

c) Elimina programas instalados para acelerar el arranque.

d) Cambia el sistema de archivos de FAT a NTFS.

3. ¿Qué herramienta de Windows 11 permite automatizar la limpieza de archivos innecesarios?

a) Administrador de dispositivos.

b) Sensor de almacenamiento.

c) Visor de eventos.

d) Control de cuentas de usuario.

4. ¿Qué función cumple el Programador de tareas?

a) Aumentar la velocidad del procesador mediante overclocking.

b) Automatizar la ejecución de procesos en momentos o condiciones definidas.

c) Reparar automáticamente el registro del sistema.

d) Convertir archivos temporales en archivos de sistema.

5. ¿Qué afirmación sobre la restauración del sistema es correcta?

a) Elimina permanentemente los archivos personales del usuario.

b) Devuelve el equipo a un estado anterior sin afectar, en general, a documentos personales.

c) Solo puede ejecutarse si el equipo no arranca.

d) Sustituye completamente a las copias de seguridad y no requiere backups.

Respuestas

1. B.

2. B.

3. B.

4. B.

5. B.

Apéndice

ATAJOS DE WINDOWS

Los **atajos de teclado de Windows** son combinaciones de teclas que permiten ejecutar acciones de forma inmediata sin necesidad de utilizar el ratón. Su principal objetivo es **mejorar la eficiencia**, reducir el tiempo de ejecución de tareas y facilitar la navegación por el sistema operativo.

En entornos profesionales, dominar estos atajos se considera una competencia básica, ya que incrementa la productividad, disminuye la fatiga asociada al uso continuo del ratón y permite trabajar con mayor fluidez.

IMPRESCINDIBLES (ÚSALOS TODOS LOS DÍAS)

Atajo	Función
Ctrl + C	Copiar.
Ctrl + V	Pegar.
Ctrl + X	Cortar.
Ctrl + Z	Deshacer.
Ctrl + S	Guardar.
Ctrl + A	Seleccionar todo.
Alt + Tab	Cambiar entre aplicaciones.
Alt + F4	Cerrar ventana o programa.
Windows + D	Mostrar escritorio.
Windows + E	Abrir Explorador de archivos.
Windows + L	Bloquear el equipo.
Windows + I	Abrir Configuración.

PRODUCTIVIDAD RÁPIDA

Atajo	Función
Ctrl + Shift + Esc	Abrir Administrador de tareas.
Windows + R	Abrir Ejecutar.
Windows + S	Buscar en Windows.
Windows + Tab	Vista de tareas.
Windows + número (1–9)	Abrir apps ancladas.
F2	Cambiar nombre a un archivo.
Ctrl + Shift + N	Crear nueva carpeta.
Alt + Enter	Ver propiedades.

ORGANIZACIÓN DE VENTANAS (MULTITAREA PRO)

Atajo	Función
Windows + Flecha izquierda/derecha	Ajustar ventana a media pantalla.
Windows + Flecha arriba	Maximizar.
Windows + Flecha abajo	Minimizar.
Windows + Shift + Flechas	Mover ventana entre monitores.

ESCRITORIOS VIRTUALES

Atajo	Función
Windows + Ctrl + D	Crear escritorio virtual.
Windows + Ctrl + Flechas	Cambiar de escritorio.
Windows + Ctrl + F4	Cerrar escritorio actual.

CAPTURAS DE PANTALLA

Atajo	Función
Windows + Shift + S	Recorte de pantalla.
Windows + PrtScn	Guardar captura automáticamente.
Alt + PrtScn	Capturar ventana activa.
PrtScn	Copiar pantalla al portapapeles.

SISTEMA Y HERRAMIENTAS

Atajo	Función
Windows + X	Menú avanzado de Windows.
Windows + U	Accesibilidad.
Windows + P	Proyectar pantalla.
Windows + K	Conectar dispositivos inalámbricos.
Ctrl + Alt + Supr	Opciones de seguridad.

ATAJOS POCO CONOCIDOS (MUY POTENTES)

IN	Función
Windows + V	Historial del portapapeles.
Windows + H	Dictado por voz.
Windows + .	Panel de emojis.
Windows + G	Barra de grabación.
Windows + +	Activar lupa.
Windows + Esc	Cerrar lupa.
Windows + Ctrl + Shift + B	Reiniciar controlador gráfico.

LOS 10 QUE MÁS TE HACEN GANAR TIEMPO

Memorízalos primero

- ▶ Alt + Tab
- ▶ Windows + E
- ▶ Windows + D
- ▶ Windows + L
- ▶ Ctrl + Shift + Esc
- ▶ Windows + Shift + S
- ▶ Windows + Flechas
- ▶ Ctrl + Z
- ▶ Windows + V
- ▶ Windows + R

SÍGUENOS EN INSTAGRAM Y ACCEDE GRATIS A NUESTRA BIBLIOTECA DIGITAL DURANTE 30 DÍAS.

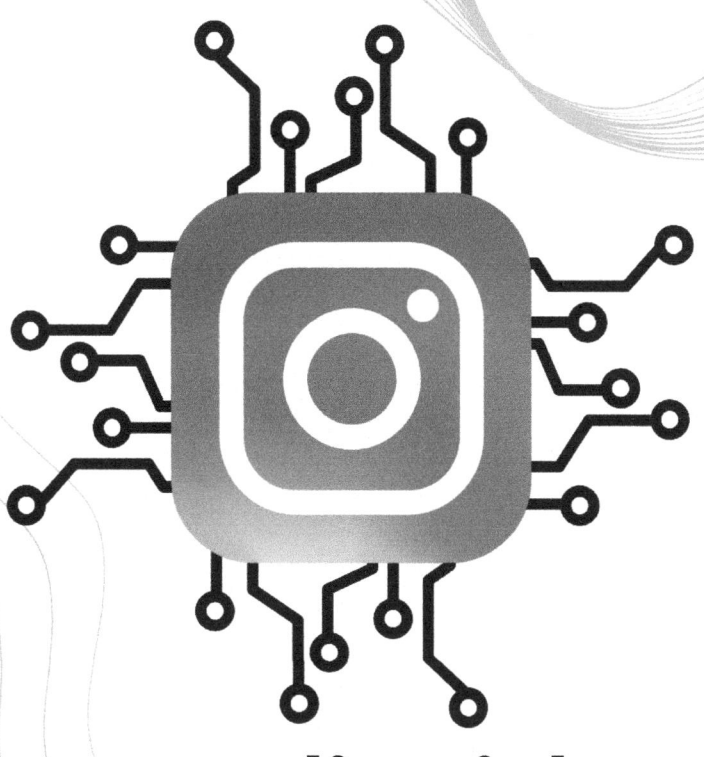

@grupoeditorialrama

¡ENVIANOS TU MAIL POR PRIVADO!

 Grupo Editorial **ra-ma** 40 ANIVERSARIO